2023 소방승진 시험대비

소춘사
PICK!

OX 문제집

소방교·장·위 | 이론서 교재 OX문제 수록

권동억·조동훈 편저

cambus 출판사

차 례
CONTENTS

PART 01. 소방공무원법

CHAPTER 01. 임용일반 ·· 5
CHAPTER 02. 신규채용과 시보임용 ··· 8
CHAPTER 03. 보직관리와 인사기록 ··· 13
CHAPTER 04. 승진요건 및 평정관리 ··· 17
CHAPTER 05. 승진대상자명부 및 승진임용 ··································· 21
CHAPTER 06. 복무 및 신분보장 ·· 26
CHAPTER 07. 징계 및 불복 ·· 30

PART 02. 소방기본법

CHAPTER 01. 소방기본법의 총칙 ··· 35
CHAPTER 02. 소방장비 및 소방용수시설 ·· 38
CHAPTER 03. 소방활동 및 소방교육 ··· 41
CHAPTER 04. 의용소방대 및 소방산업의 육성 ······························ 45
CHAPTER 05. 보칙 및 벌칙 ·· 47

PART 03. 다중이용업소의 안전관리에 관한 특별법

CHAPTER 01. 총 칙 ·· 50
CHAPTER 02. 다중이용업소의 안전관리기본계획 ·························· 53
CHAPTER 03. 허가관청의 통보 ·· 54
CHAPTER 04. 화재배상책임보험 의무가입 ····································· 58
CHAPTER 05. 다중이용업소 안전관리를 위한 기반조성 ··············· 60
CHAPTER 06. 보칙 및 벌칙 ·· 64

PART 04. 소방전술

CHAPTER 01. 화재진압 및 현장활동 ·· 67
CHAPTER 02. 소방용수시설 ··· 71
CHAPTER 03. 특수소방자동차 ··· 72
CHAPTER 04. 현장안전관리 ··· 73
CHAPTER 05. 화재조사실무 ··· 74
CHAPTER 06. 구조개론 등 ··· 75
CHAPTER 07. 응급의료 개론 및 장비운영 ·· 77
CHAPTER 08. 임상응급의학 (소방교) ·· 78
CHAPTER 09. 소화약제 등 (장·위) ·· 79
CHAPTER 10. 연소이론 (장·위) ·· 80
CHAPTER 11. 위험물성상 (장·위) ·· 81
CHAPTER 12. 임상응급의학 (장·위) ·· 82
CHAPTER 13. 재난현장표준작전절차 (소방위) ································· 83
CHAPTER 14. 재난 및 안전관리 기본법 (소방위) ···························· 84

PART 05. 소방시설법 및 화재예방법

CHAPTER 01. 소방시설법의 총칙 ·· 85
CHAPTER 02. 소방시설의 설치 · 관리 및 방염 ································ 88
CHAPTER 03. 소방시설등의 자체점검 ··· 95
CHAPTER 04. 소방시설관리사 및 소방시설관리업 ·························· 99
CHAPTER 05. 소방용품의 품질관리 ··· 102
CHAPTER 06. 소방시설법 보칙 및 벌칙 ··· 104
CHAPTER 07. 총칙 및 안전관리 기본계획 ····································· 107
CHAPTER 08. 화재안전조사 ··· 110
CHAPTER 09. 화재의 예방조치 등 ·· 113
CHAPTER 10. 소방대상물의 소방안전관리 ···································· 117
CHAPTER 11. 특별관리시설물의 소방안전관리 ····························· 121
CHAPTER 12. 화재예방법 보칙 및 벌칙 ··· 124

소방공무원법

CHAPTER 01. 임용일반

001. 소방공무원법은 소방공무원의 임용, 교육훈련, 복무, 신분보장 등에 관하여 「국가공무원법」에 대한 특례를 규정하는 것을 목적으로 하며, 신분법·특별법·실체법에 속한다. O/X

002. "임용"이란 신규채용·승진·전보·파견·강임·휴직·직위해제·정직·강등·복직·면직·해임 및 파면을 말한다. O/X

003. 신규채용으로 공무원 신분관계를 발생시키며, 정직, 면직 등으로 공무원관계를 소멸시킨다. O/X

004. "전보"란 소방공무원의 같은 계급 및 자격 내에서의 근무기관이나 부서를 달리하는 임용을 말한다. O/X

005. "강임"이란 동종의 직무 내에서 하위의 직위에 임명하는 것을 말하며 강등과 동일한 의미로 사용한다. O/X

006. "복직"이란 휴직·면직 또는 정직(강등에 따른 정직을 포함한다) 중에 있는 소방공무원을 직위에 복귀시키는 것을 말한다. O/X

007. 임용령에서 "소방기관"이라 함은 소방청, 시·도의 소방본부와 중앙소방학교·중앙119구조본부·국립소방연구원·지방소방학교·서울종합방재센터·소방서·119특수대응단 및 소방체험관을 말한다. O/X

008. 각 시·도의 소방본부, 119안전센터 등은 「소방공무원 임용령」상의 소방기관이 아니다. O/X

009. "최하급소방기관"이란 소방청, 중앙소방학교, 중앙119구조본부, 국립소방연구원, 시·도의 소방본부·지방소방학교 및 서울종합방재센터를 제외한 소방기관을 말한다. O/X

010. 소방공무원은 특수경력직 공무원 중 특정직 공무원에 속한다. O/X

011. 소방공무원 중 지방자치단체에서 근무하는 공무원은 지방소방공무원으로 분류된다. O/X

012. "직급"이란 직무의 종류·곤란성과 책임도가 상당히 유사한 직위의 군을 말하며, 같은 직급에 속하는 직위에 대하여는 임용자격·시험, 그 밖의 인사행정에서 동일한 취급을 한다. O/X

013. "직위(職位)"란 1명의 공무원에게 부여할 수 있는 직무와 책임을 말한다. O/X

014. 소방공무원법 제3조에서 소방공무원의 계급을 10개의 계급으로 구분을 하고 있다. O/X

015. 소방에 관한 사무를 관장하기 위하여 행정안전부장관 소속으로 소방청을 두며, 소방청의 청장은 소방총감으로 차장은 소방정감으로 보한다. O/X

016. 소방령 이상의 소방공무원은 소방청장의 제청으로 국무총리를 거쳐 대통령이 임용한다. 다만, 소방총감은 대통령이 임명하고, 소방령 이상 소방준감 이하의 소방공무원에 대한 전보, 휴직, 직위해제, 강등, 정직 및 복직은 소방청장이 한다. O/X

정답 01.O 02.O 03.X 04.O 05.X 06.X 07.X 08.O 09.O 10.X 11.X 12.O 13.O 14.X 15.O 16.O

017. 소방청장은 시·도 소속 소방공무원 중 소방정인 지방소방학교장에 대한 전보·휴직·직위해제·정직 및 복직에 관한 권한을 시·도지사에게 위임한다. O/X

018. 소방청장은 시·도 소속 소방령 이상 소방준감 이하의 소방공무원에 대한 전보, 휴직, 직위해제, 강등, 정직 및 복직에 관한 권한을 시·도지사에게 위임한다. O/X

019. 중앙소방학교장은 소속 소방공무원 중 소방령에 대한 전보·휴직·직위해제·정직 및 복직에 관한 권한과 소방경 이하의 소방공무원에 대한 임용권(소방위의 소방경으로의 임용권 제외)을 행사한다. O/X

020. 시·도지사는 시·도 소속 소방공무원(소방본부장 및 지방소방학교장 제외)에 대한 임용권을 가지나 서울·경기 소방학교 소속 소방령 이하 해당 기관 안에서의 전보권은 서울·경기 지방소방학교장이 행한다. O/X

021. 시·도지사는 지방소방학교·서울종합방재센터·소방서 소속 소방경 이하의 휴직·직위해제·정직 및 복직에 관한 권한을 지방소방학교장, 서울종합방재센터소장, 소방서장 119특수대응단장 또는 소방체험관장에게 위임한다. O/X

022. 소방청장은 소방공무원의 정원의 조정 또는 소방기관 상호 간의 인사교류 등 인사행정 운영상 필요한 때에는 임용권의 위임규정에 불구하고 그 임용권을 직접 행사할 수 있다. O/X

023. 소방청장과 시·도지사는 소방공무원에 대한 고유임용권과 위임임용권을 동시에 갖고 있다. O/X

024. 징계로 파면처분을 받은 날부터 3년이 지나지 아니한 사람은 소방공무원이 될 수 없다. O/X

025. 종전의 재직기관에서 감봉이상의 징계처분을 받은 사람은 경력경쟁채용등을 할 수 없다. 다만, 인사 관계 법령에 따라 징계처분의 기록이 말소된 사람은 그러하지 아니하다. O/X

026. 소방공무원은 임용장 또는 임용통지서에 기재된 일자에 임용된 것으로 보며, 임용일자를 소급해서는 아니 된다. 다만, 사망으로 인한 면직은 사망한 다음 날에 면직된 것으로 본다. O/X

027. 재직 중 순직한 사람은 사망일의 전날을 임용일자로 하여 특별승진임용할 수 있으며, 휴직기간의 만료일 또는 휴직사유의 소멸일을 임용일자로 하여 직권으로 면직시킬 수 있다. O/X

028. 임용권자가 소방공무원을 임용할 때에는 공무원임용서로써 하며, 신규채용·승진 또는 전보임용 할 때에는 임용조사서를 첨부해야 한다. O/X

029. 임용권자는 소방공무원으로 신규채용되거나 승진되는 소방공무원에게 임용장을, 전보되는 소방공무원에게 임명장(필요한 경우 인사발령 통지서로 갈음할 수 있다)을 수여한다. O/X

030. 임용권자는 소속 소방공무원에 대한 인사원칙 및 기준을 미리 정하여 공지하여야 하고, 정기인사를 실시하는 때에는 인사의 세부기준 등을 미리 소속 소방공무원에게 공지하여야 한다. O/X

031. 소방청장은 소방공무원의 인사에 관한 통계보고의 제도를 정하여 시·도지사, 국립소방연구원장, 중앙소방학교장 및 지방소방학교장으로부터 정기 또는 수시로 필요한 보고를 받을 수 있다. O/X

정답 17. X 18. O 19. X 20. O 21. X 22. O 23. X 24. X 25. O 26. O 27. O 28. X 29. X 30. O 31. X

032. 소방공무원의 인사(人事)에 관한 중요사항에 대하여 소방청장의 자문에 응하게 하기 위하여 소방청에 소방공무원인사위원회를 둔다. 다만, 제6조제3항 및 제4항에 따라 시·도지사가 임용권을 행사하는 경우에는 시·도에 인사위원회를 둔다. O/X

033. 소방공무원인사위원회는 위원장을 포함한 5명 이상 9명 이하의 위원으로 구성한다. O/X

034. 소방청에 설치된 인사위원회의 위원장은 소방청 차장이, 시·도에 설치된 인사위원회의 위원장은 해당 지방자치단체의 부단체장이 되며, 위원은 소속 소방정 이상의 소방공무원 중에서 임명한다. O/X

035. 인사위원회에 간사 약간 인을 두되, 간사는 인사위원회가 설치된 기관의 장이 소속 소방공무원 중에서 임명한다. O/X

036. 인사위원회의 위원장은 인사위원회의 사무를 총괄하며, 인사위원회를 대표한다. O/X

037. 인사위원회의 위원장이 부득이한 사유로 직무를 수행할 수 없는 때에는 위원회가 설치된 기관의 장이 지정하는 공무원이 그 직무를 대행한다. O/X

038. 인사위원회의의 위원장은 회의를 소집하고 그 의장이 되며, 회의는 재적 위원 과반수의 출석과 출석위원의 과반수의 찬성으로 의결한다. O/X

039. 운영세칙 등 임용령에 규정된 것 외에 인사위원회의 운영에 관하여 필요한 사항은 인사위원회의 의결을 거쳐 위원장이 이를 정한다. O/X

040. 소방공무원인사위원회는 소방공무원의 인사행정에 관한 방침과 기준 및 기본계획, 소방공무원의 인사에 관한 법령의 제정·개정 또는 폐지에 관한 사항, 그 밖에 소방청장과 시·도지사가 해당 인사위원회에 부치는 사항을 심의한다. O/X

정답 ➜ 32. O 33. X 34. O 35. O 36. O 37. X 38. X 39. O 40. O

소방공무원법

CHAPTER 02. 신규채용과 시보임용

001. 소방공무원의 채용시험은 계급별로만 실시하여야 한다. ○/X

002. 소방공무원의 신규채용은 공개경쟁시험에 의한다. 다만, 소방위의 신규채용은 소방간부후보생으로서 정하여진 교육훈련을 마친 사람 중에서 한다. ○/X

003. 공개경쟁시험은 소방사와 소방령의 계급에 한정되나 경력경쟁채용 등에 있어서는 전 계급에서 채용이 가능하다. ○/X

004. 시·도 소속 소방위 이하 소방공무원의 신규채용시험은 시·도지사가 실시하며, 소방경 이상의 신규채용시험은 중앙소방학교장이 실시한다. ○/X

005. 소방간부후보생 선발시험과 소방청과 그 소속기관 소방공무원에 대하여 소방에 관한 전문기술교육을 받은 사람의 소방경 이하로의 경력경쟁채용시험은 중앙소방학교장이 실시한다. ○/X

006. 소방공무원의 임용을 위한 각종 시험에 있어서는 학력에 의한 제한을 두지 아니하며, 경력경쟁채용시험에서도 학력제한을 두어서는 아니 된다. ○/X

007. 소방공무원의 채용시험에 응시하는 자는 공개경쟁채용시험에 있어서는 최종시험예정일이 속한 날에, 경력경쟁채용시험에서는 임용권자의 시험요구일이 속한 날에 응시연령에 해당하여야 한다. ○/X

008. 소방사 공개경쟁채용시험의 응시연령은 18세 이상 40세 이하로 하고 소방간부후보생 선발시험의 응시연령은 21세 이상 40세 이하로 한다. ○/X

009. 소방공무원 채용시험과 소방간부후보생 선발시험의 최종시험시행 예정일로부터 기산하여 전역예정일 전 6개월 이내에 채용시험에 응시하는 경우에는 이를 제대군인으로 본다. ○/X

010. 소방공무원 외의 공무원으로서 소방업무를 담당한 경력이 있는 자를 소방공무원으로 임용하는 경우에는 연령제한 및 신체조건의 제한을 받지 아니한다. ○/X

011. 소방공무원 채용시험 신체조건표에서 두 눈의 시력(교정시력을 포함한다)이 각각 0.8 이상이어야 하며, 두 귀의 청력(교정청력을 포함한다)이 각각 50데시벨(dB) 이하여야 한다. ○/X

012. 소방간부후보생 선발시험 또는 소방사 공개경쟁채용시험에 응시하고자 하는 자는 제1종 운전면허 중 대형면허 또는 보통면허를 받은 자이어야 한다. ○/X

013. 소방공무원의 채용시험은 필기시험·체력시험·신체검사·면접시험·실기시험과 서류전형에 의한다. ○/X

014. 체력시험은 직무수행에 필요한 민첩성·근력·지구력 등 체력을 검정하는 것으로 악력, 배근력, 앉아윗몸앞으로굽히기, 제자리멀리뛰기, 왕복오래달리기 등 5개 종목에 대해 실시한다. ○/X

015. 교육훈련을 마친 소방간부후보생에 대한 소방위로의 신규채용은 그 교육훈련과정에서 이수한 과목을 검정하는 것으로 하며, 검정의 방법·합격자의 결정 등에 관하여 필요한 사항은 중앙소방학교장이 정한다. ○/X

정답 01.X 02.○ 03.○ 04.X 05.X 06.X 07.X 08.○ 09.○ 10.X 11.X 12.○ 13.○ 14.X 15.○

016. 소방간부후보생 선발시험은 인문사회계열과 자연계열로 구분하여 실시하지만 필수과목은 헌법, 한국사, 영어, 행정법으로 동일하다. O/X

017. 소방에 관한 전문기술교육을 받은 자 중에서 소방분야의 졸업자를 소방사로 경력경쟁채용 등을 하는 경우 필기시험과목은 국어, 소방학개론, 소방관계법규로 한다. O/X

018. 소방위 이상 및 소방간부후보생선발시험의 출제수준은 소방업무수행에 필요한 전문적 능력·지식을 검정할 수 있는 정도로 한다. O/X

019. 시험실시권자는 소방공무원 공개경쟁채용시험을 실시하고자 할 때에는 임용예정계급, 응시자격, 선발예정인원, 시험의 방법·시기·장소·시험과목 및 배점에 관한 사항을 시험실시 90일 전까지 공고하여야 한다. O/X

020. 공개경쟁채용시험은 제1차 선택형 필기시험, 2차 시험 논문형 필기시험, 제3차 체력시험, 제4차 신체검사, 제5차 면접시험의 단계에 따라 순차적으로 실시한다. O/X

021. 체력시험은 악력, 배근력, 앉아윗몸앞으로굽히기, 제자리멀리뛰기, 윗몸일으키기 등 6개 종목에 대한 평가점수를 합산하여 총점의 50퍼센트 이상을 득점한 자를 합격자로 결정한다. O/X

022. 면접시험은 1단계 집단면접과 2단계 개별면접의 평가 점수를 합산한 위원의 평균점수가 30점(총점의 50%) 이상인 경우 합격으로 결정한다. 다만, 시험위원의 과반수가 어느 하나의 평정요소에 대하여 50퍼센트 미만의 점수를 평정한 경우 불합격으로 한다. O/X

023. 면접시험의 평가 요소에서 전문지식·기술과 그 응용능력의 배점 점수가 가장 높다. O/X

024. 공개경쟁채용시험에서 최종 합격자 결정은 면접시험의 합격자 중에서 필기시험성적 50퍼센트, 체력시험성적 25퍼센트 및 면접시험성적 25퍼센트의 비율로 합산한 성적에 의한다. O/X

025. 공개경쟁채용시험·경력경쟁채용시험 및 소방간부후보생 선발시험의 합격결정에 있어서 선발예정인원을 초과하여 동점자가 있을 때에는 그 선발예정인원에 불구하고 모두 합격자로 한다. O/X

026. 소방공무원채용시험에서 다른 수험생의 답안지를 보거나 본인의 답안지를 보여주는 행위에 대해서는 그 시험을 정지 또는 무효로 하거나 합격을 취소하고, 그 처분이 있는 날부터 5년간 시험의 응시자격을 정지한다. 또한 시험실시권자는 부정행위를 한 응시자의 명단을 관보에 게재해야 한다. O/X

027. 자격증가점은 소방령과 소방사의 경력경쟁채용시험에 응시하는 경우에는 그 사람이 취득한 점수에 5퍼센트 이내를 최고점으로 행정안전부령이 정하는 가점비율에 의한 점수를 가산한다. O/X

028. 소방업무 관련 자격증은 기술사·기능장 5퍼센트, 기사 3퍼센트, 산업기사·기능사 1퍼센트, 자동차 운전면허증 1종 대형 면허증 1퍼센트, 응급구조사 2급 1퍼센트 가점한다. O/X

029. 사무관리 분야 자격증은 컴퓨터활용능력과 워드프로세스활용능력 1급은 3퍼센트, 2급과 3급은 1퍼센트 가점한다. O/X

030. 취업보호대상자 가점은 소방령 이하의 소방공무원 시험(소방간부후보생 선발시험 포함)을 대상으로 매 과목 40퍼센트 이상 득점한 자에 한해 과목별 만점의 5퍼센트 또는 10퍼센트에 해당하는 점수를 가산하여야 한다. O/X

정답 ◦ 16.X 17.X 18.X 19.X 20.O 21.O 22.X 23.X 24.O 25.O 26.O 27.X 28.O 29.X 30.X

031. 취업보호대상자 가점을 받아 채용시험에 합격하는 사람은 그 채용시험 선발예정인원의 30퍼센트를 초과할 수 없으며, 채용시험의 합격자를 결정할 때 선발예정인원을 초과하여 동점자가 있으면 동점자 중 취업지원 대상자를 우선하여 합격자로 결정하여야 한다. O/X

032. 경력경쟁채용 등에 있어서는 그 시험실시 당시의 임용예정 직위외의 직위에 임용할 수 없으며, 종전의 재직기관에서 감봉이상의 징계처분을 받은 사람은 경력경쟁채용 등을 할 수 없다. O/X

033. 폐직 또는 과원이 되어 퇴직한 소방공무원을 퇴직한 날부터 3년(공무상 부상 또는 질병으로 인한 휴직의 경우에는 5년) 이내에 퇴직 시에 재직한 계급 또는 그에 상응하는 계급의 소방공무원으로 재임용하는 경우에는 전 재직기관에 전력을 조회하여 그 퇴직사유가 확인된 경우로 한정한다. O/X

034. 채용예정계급에 해당하는 자격증을 소지한 후 해당 분야에서 2년 이상 종사한 경력자를 경력경쟁채용 등을 하는 경우에는 소방경 이하로만 채용할 수 있다. O/X

035. 자격증을 소지한 사람, 임용예정직에 상응하는 근무·연구실적이 있는 사람, 사법시험 또는 변호사시험에 합격한 사람을 경력경쟁채용 등을 하는 경우에는 소방령 이하로 채용할 수 있다. O/X

036. 국가기관의 임용예정직위에 관련 있는 직무분야의 근무 또는 연구경력이 3년 이상으로서 해당 임용예정계급에 상응하는 근무경력이 1년 이상인 사람을 소방령 이하로 경력경쟁채용 등을 할 수 있다. O/X

037. 소방에 관한 전문기술교육을 받은 사람을 소방경 이하로 임용하는 경우에는 학력을 요구하는데, 학사학위 소지자는 소방위 이하의 계급으로 채용할 수 있다. O/X

038. 경찰공무원을 경력경력채용을 하는 경우에는 경위 이하의 경찰공무원으로서 최근 5년 이내에 화재감식 또는 범죄수사업무에 종사한 경력 2년 이상인 사람이어야 한다. O/X

039. 외국어에 능통한 사람이나 화재감식·범죄수사경력 2년 이상 경찰공무원을 경력경쟁채용을 하는 경우 소방위 이하 소방공무원으로 채용할 수 있다. O/X

040. 의무소방원으로 임용되어 정해진 복무를 마친 사람과 소방업무에 경험이 있는 의용소방대원을 채용하는 경우에는 소방사 계급의 소방공무원으로 채용할 수 있다. O/X

041. 소방준감 이상 소방공무원의 경력경쟁채용은 신체검사로만 하며, 5급 공무원 공채시험이나 사법고시 합격자의 경력경쟁채용 등은 신체검사 이외 서류전형과 면접시험에 의한다. O/X

042. 임용예정직무에 관련된 자격증 소지자와 외국어에 능통한 사람 등을 채용하는 경우 신체검사, 서류전형·체력시험·면접시험을 실시한다. O/X

043. 소방정 이하 경력경쟁채용시험에 있어 신체검사는 필수적인 전형이다. O/X

044. 채용시험에서 체력시험을 부과하는 경우에는 최종합격자결정에서 체력시험성적은 항상 25퍼센트의 비율로 반영한다. O/X

045. 시험실시권자는 당해 직무분야의 전문적인 학식 또는 능력이 있는 자 또는 임용 예정직무에 관한 실무에 정통한 자를 시험위원으로 임명 또는 위촉할 수 있다. O/X

정답 31.O 32.O 33.O 34.X 35.O 36.O 37.X 38.O 39.O 40.O 41.X 42.X 43.O 44.X 45.O

046. 시험위원을 임명 또는 위촉하는 경우 필기시험, 면접시험 및 실기시험위원을 각각 3명 이상으로 한다. O/X

047. 응시수수료는 수입인지 또는 수입증지로 내야 한다. 다만, 인터넷으로 응시원서를 제출하는 경우에는 정보통신망을 이용한 전자화폐·전자결제 등의 방법으로 내야 한다. O/X

048. 응시원서 접수기간 중에 또는 마감일 다음 날부터 3일 이내에 응시의사를 철회하는 경우에는 납입한 수수료의 전액을 반환하여야 한다. O/X

049. 공개경쟁채용시험에서 필기시험 합격자로부터 필요한 서류를 제출받은 담당 공무원은 행정정보의 공동이용을 통하여 가족관계증명서, 병적사항이 기재된 주민등록표 초본 또는 병적증명서,「국가기술자격법」에 따른 국가기술자격증 등을 확인하여야 한다. O/X

050. 채용시험 합격자와 소방간부후보생 선발시험 합격자는 채용후보자 등록원서에 필요한 서류를 첨부하여 지정된 기한까지 임용권자 또는 임용제청권자에게 채용후보자등록을 해야 한다. O/X

051. 임용권자는 등록서류를 심사하여 임용적격자에 한하여 채용후보자명부에 등재하고 등록확인증을 본인에게 보내야 하며, 교육훈련통지서 등으로 등록확인증을 갈음할 수 없다. O/X

052. 채용후보자명부는 채용후보자의 서류를 심사하여 임용적격자만을 대상으로 임용예정계급별로 시험성적 순위에 의하여 작성하되 시험성적이 같을 경우에는 취업보호대상자가 최우선순위이다. O/X

053. 채용후보자명부는 시험성적 순위에 의하여 작성하며, 명부의 유효기간은 2년으로 하되, 임용권자는 필요에 따라 1년의 범위 안에서 그 기간을 정하여 연장 할 수 있다. O/X

054. 채용후보자로서 교육훈련을 받는 중에 질병·병역복무 또는 그 밖에 교육훈련을 계속 받을 수 없는 불가피한 사유 외의 사유로 퇴교처분을 받은 경우에는 채용후보자의 자격을 상실한다. O/X

055. 임용권자는 채용후보자명부의 등재순위에 의하여 임용하여야 한다. 3개월 이상 소방공무원으로 근무한 경력이 있거나 임용예정직위에 관련된 특별한 자격이 있는 자를 임용하는 경우에는 채용후보자명부의 등재순위에 불구하고 우선 임용할 수 있다. O/X

056. 임용권자는 채용후보자명부에 등재된 자 중 그 명부의 유효기간이 만료될 때까지 임용되지 아니한 사람에 대하여는 해당 기관에 그 직급에 해당하는 결원이 생길 때까지 임용을 유예한다. O/X

057. 학업의 계속, 6월 이상의 장기요양을 요하는 질병이 있거나 임신하거나 출산한 경우에는 임용을 유예할 수 있으며, 유예기간 중에 그 사유가 소멸하면 임용하여야 한다. O/X

058. 인사발령을 위한 구비서류는 원본을 첨부하되, 특별한 사유로 인하여 사본을 첨부할 때에는 원본과의 대조확인을 하여야 한다. O/X

059. 소방공무원을 신규채용하는 경우 소방장 이상은 1년간 시보로 임용하며, 그 기간이 만료된 다음날에 정규소방공무원으로 임용한다. O/X

060. 휴직기간·직위해제기간 및 징계에 의한 정직처분 또는 감봉처분을 받은 기간은 시보임용기간에 포함하지 아니하며, 시보임용예정자가 받은 교육훈련기간은 시보임용기간에 포함한다. O/X

정답 | 46.X 47.O 48.O 49.O 50.X 51.O 52.O 53.O 54.O 55.X 56.X 57.O 58.O 59.X 60.O

061. 소방공무원으로서 상위계급에의 승진에 필요한 자격요건을 갖춘 자가 승진예정계급에 해당하는 계급의 공개경쟁채용시험에 합격하여 임용되는 경우 시보임용을 면제한다. O/X

062. 임용권자 또는 임용제청권자는 시보소방공무원이 징계사유에 해당하는 경우, 교육훈련성적과 근무성적평정점이 만점의 5할 미만인 경우, 정규소방공무원으로 임용함이 부적당하다고 인정되는 경우에는 면직시키거나 면직을 제청할 수 있다. O/X

정답 61. O 62. X

소방공무원법

CHAPTER 03. 보직관리와 인사기록

001. 임용권자는 별도정원이 인정되는 휴직자의 복직에 당해 기관에 그에 해당하는 계급의 결원이 없는 경우 과원 해소 시까지, 1년 이상의 해외 파견 근무의 준비를 위하여 2개월 이내의 기간 보직 없이 근무하게 할 수 있다. O/X

002. 소방공무원을 보직함에 있어서는 전공분야・교육수준・근무경력・적성 등을 고려하여 능력을 적절히 발전시킬 수 있도록 하여야 한다. O/X

003. 상위계급의 직위에 하위계급자를 보직하는 경우에는 해당 기관에 상위계급의 결원이 있고, 「소방공무원 승진임용규정」에 의한 승진임용후보자가 없는 경우로 한정한다. O/X

004. 특수한 자격증을 소지한 자는 소지한 자격증과 관련된 직위에만 보직하여야 한다. O/X

005. 시・도 소방본부장 또는 소방서장 직위에 임용된 소방공무원이 해당 직위에 2년 이상 근무한 경우에는 다른 직위로 전보해야 한다. 다만, 인사 운영상 필요한 경우에는 제외한다. O/X

006. 임용권자는 소속 소방공무원을 연속하여 4회 이상 소방서장으로 보직해서는 안 된다. 다만, 인사 운영상 필요한 경우에는 제외한다. O/X

007. 소방간부후보생을 소방위로 임용할 때에는 최하급 소방기관에 보직하여야 하며, 신규채용에 의하여 소방사로 임용된 사람은 최하급 소방기관의 외근부서에 보직하여야 한다. O/X

008. 소방공무원법 제7조 제2항의 규정에 의한 경력경쟁채용 등에 있어서는 시험실시 당시의 임용예정 직위 외의 직위에 임용할 수 없다. O/X

009. 위탁교육훈련을 받은 소방공무원의 최초보직은 소방공무원교육훈련기관의 교수요원으로 하여야 하며, 교수요원으로 보직할 수 없거나 곤란한 경우 교육훈련의 내용과 관계되는 직위에 보직하여야 한다. O/X

010. 소방공무원의 필수보직기간은 6월로 한다. 다만, 직제상의 최저단위 보조기관 내에서의 전보, 기구의 개편, 직제 또는 정원의 변경으로 인한 전보, 임용권자를 달리하는기관간의 전보의 경우에는 6월 이내에 다른 직위에 전보할 수 있다. O/X

011. 중앙소방학교 및 지방소방학교의 교수요원의 필수보직기간은 2년으로 한다. O/X

012. 임용권자는 승진시험 요구 중에 있는 소속 소방공무원을 승진대상자명부 작성단위를 달리하는 기관에 전보할 수 있다. O/X

013. 임용권자는 승진시험 요구 중에 있는 소속 소방공무원을 승진대상자명부 작성단위를 달리하는 기관에 전보할 수 있다. O/X

014. 자격증 소지자, 근무・연구실적자, 전문기술교육이수자, 외국어 능통자로 채용된 소방공무원은 그 최초의 직위에 임용된 날부터 5년 이내에 다른 직위 또는 임용권자를 달리하는 기관에 전보할 수 없다. O/X

015. 5급 공무원 공개경쟁채용시험합격자로 경력경쟁채용시험 등을 통해서 채용된 소방공무원은 그 최초의 직위에 임용된 날부터 2년 이내에 다른 직위 또는 임용권자를 달리하는 기관에 전보할 수 없다. O/X

정답 01.X 02.X 03.O 04.X 05.O 06.X 07.X 08.O 09.O 10.X 11.O 12.X 13.O 14.O 15.X

016. 1년 이상 위탁교육훈련을 받고 관련 직위에 보직된 소방공무원은 3년 내에는 소방공무원교육훈련기관의 교수요원 또는 당해 교육훈련내용과 관련되는 직위 외의 직위로 전보할 수 없다. O/X

017. 직제상 최저단위 보조기관 내에서의 전보일, 승진임용일, 강등일 또는 강임일, 시보공무원의 정규공무원으로의 임용일 등은 필수보직기간을 계산함에 있어서 해당 직위에 임용된 날로 보지 아니한다. O/X

018. 기구의 개편, 직제 또는 정원의 변경으로 담당 직무에 변경이 없이 소속·직위 또는 직급의 명칭만 변경하여 재발령되는 경우 그 임용일은 전보제한기간을 계산함에 있어서 당해 직위에 임용된 날로 보지 아니한다. O/X

019. 임용권자는 국제기구, 외국의 정부 또는 연구기관에서의 업무수행 및 능력개발을 위하여 필요한 경우 1년 이내에서 소방공무원을 파견할 수 있다. O/X

020. 다른 국가기관에서의 국가적 사업의 수행을 위하여 특히 필요하거나 국내의 연구기관, 민간기관 및 단체에서의 업무수행·능력개발 등을 위하여 필요한 경우 2년 이내에서 소방공무원을 파견할 수 있으며, 이 경우 1년의 범위 안에서 연장이 가능하다. O/X

021. 공무원교육훈련기관의 교수요원으로 선발된 소방공무원을 1년 이상 파견하는 경우 임용권자 또는 임용제청권자가 인사혁신처장과 협의하여야 한다. O/X

022. 만 8세 이하의 자녀를 양육하기 위한 3개월 이상의 휴직하거나 교육훈련을 위해 6개월 이상 파견하는 경우에도 별도정원이 인정된다. O/X

023. 파면처분·해임처분·면직처분 등에 대한 소청심사위원회나 법원에서 무효나 취소의 결정 또는 판결이 확정된 경우에 별도정원이 인정된다. O/X

024. 1년 이상의 파견(교육훈련을 위한 파견의 경우에는 6개월)으로 인한 별도정원에 해당하여 결원을 보충하는 경우에 소방청장과 시·도지사는 행정안전부장관의 승인을 받아야 한다. O/X

025. 시·도지사가 1년 이상의 파견으로 인한 별도정원에 해당하여 시·도지사가 임용권을 행사하는 소방정 이하의 소방공무원을 보충하는 경우에는 행정안전부장관의 승인을 받지 않고 보충할 수 있다. O/X

026. 별도정원은 휴직자의 복직, 파견된 사람의 복귀, 파면, 해임 또는 면직된 사람의 복귀 이후 해당 계급에 최초로 결원이 발생한 때에 각각 소멸된 것으로 본다. O/X

027. 시·도 간 인력의 균형 있는 배치와 소방행정의 균형 있는 발전을 위하여 시·도 소속 소방령 이상의 소방공무원을 교류하는 경우 시·도 상호 간에 소방공무원의 인사교류를 할 수 있다. O/X

028. 시·도 소속 소방경 이상의 소방공무원의 연고지배치를 위하여 필요한 경우 시·도 상호 간 소방공무원의 인사교류를 할 수 있다. O/X

029. 시·도 상호 간 소방공무원의 인사교류의 인원(연고지배치의 경우 제외)은 필요한 최소한으로 하되, 소방청장이 시·도간 교류인원을 정할 때에는 미리 해당 시·도지사의 의견을 들어야 한다. O/X

030. 전입·전출동의요구를 받은 소속 소방기관의 장은 소방공무원 전출·전입동의회보서에 의하여 10일 이내에 회보하여야 한다. O/X

정답 16.O 17.O 18.O 19.X 20.O 21.X 22.O 23.O 24.X 25.X 26.O 27.O 28.X 29.O 30.X

031. 소방청과 시·도 간 및 시·도 상호간에 인사교류를 하는 경우에는 인사교류 대상자 본인의 동의나 신청이 있어야 한다. O/X

032. 인사교류의 경우 소방청과 그 소속기관 소속 소방공무원으로서 시·도 소속 소방공무원으로의 임용예정계급이 인사교류 당시의 계급보다 상위계급인 경우에는 동의를 받지 않을 수 있다. O/X

033. 행정안전부장관은 소방인력 관리상 필요한 경우에는 소방청과 시·도 간 및 시·도 상호 간의 인사교류를 제한할 수 있다. O/X

034. 소방청장, 중앙소방학교장, 중앙119구조본부장, 국립소방연구원장, 시·도지사, 소방서장, 소방체험관장 등 인사기록관리자는 소속 소방공무원에 대한 인사기록을 작성·유지·관리해야 한다. O/X

035. 신규채용된 소방공무원의 인사기록은 초임보직 소방기관의 장이 작성하여야 한다. O/X

036. 인사기록관리자는 파손으로 사용할 수 없게 된 때 인사기록을 재작성할 수 있다. O/X

037. 초임보직 소방기관의 장은 작성한 인사기록을 인사기록의 보관 구분에 따라 직접 보관하거나 해당 소방공무원의 인사기록을 보관하는 소방기관의 장에게 송부해야 한다. O/X

038. 소방공무원이 승진·전출 등으로 인사기록관리자를 달리하게 된 때에는 전 소속 인사기록관리자는 신 소속 인사기록관리자에게 지체 없이 해당 소방공무원의 인사기록카드(표준인사관리시스템을 통해 송부한다)와 최근 3년간(소방위 이하는 2년간)의 근무성적평정표 등의 사본을 송부하여야 한다. O/X

039. 소방공무원은 성명·주소 기타 인사기록의 기록내용을 변경하여야 할 정당한 이유가 있는 때에는 그 사유가 발생한 날로부터 15일 이내에 소속 인사기록관리자에게 신고하여야 한다. O/X

040. 소방공무원 인사기록은 초임보직 소방기관이 시·도인 경우 시·도지사가 보관한다. O/X

041. 인사기록은 인사기록관리자, 인사기록관리담당자, 본인, 기타 소방공무원 인사자료의 보고 등을 위하여 필요한 자를 제외하고는 이를 열람할 수 없다. 본인 및 기타 소방공무원 인사자료의 보고 등을 위하여 필요한 자가 인사기록을 열람하는 경우에는 인사기록관리자의 허가를 받아야 한다. O/X

042. 인사기록은 오기한 것으로 판명된 때와 기록이 명백하지 않아 착오를 일으킬 염려가 있는 때를 제외하고는 이를 수정하여서는 아니 된다. O/X

043. 중앙소방학교장 및 지방소방학교장은 교육훈련을 받은 자의 교육훈련성적을 교육훈련을 마친 날로부터 7일 이내에 인사기록관리자에게 보고 또는 통보하여야 한다. O/X

044. 퇴직 소방공무원의 인사기록철은 인사기록을 보관하는 소방기관의 장이 따로 영구보존한다. O/X

045. 임용권자는 소방공무원에 대한 정원과 현원을 파악하기 위하여 매월 초일을 기준으로 최하 기관단위로 정·현원 대비표를 비치·보관하여야 한다. O/X

046. 징계처분의 집행이 종료된 날로부터 강등 9년, 정직 7년, 감봉 5년, 견책 3년이 경과한 때 인사기록카드에 등재된 징계처분의 기록을 말소하여야 한다. O/X

정답 | 31.O 32.O 33.X 34.O 35.O 36.O 37.O 38.O 39.X 40.O 41.O 42.X 43.X 44.O 45.X 46.O

047. 징계처분의 기록은 소청심사위원회나 법원에서 징계처분의 무효 또는 취소의 결정이나 판결이 확정된 때, 징계처분에 대한 일반사면이 있는 때 말소한다. O/X

048. 직위해제처분의 종료일(복직명령을 받은 날)로부터 2년이 경과한 때 불문(경고)기록은 불문경고처분을 한 날로부터 1년이 경과한 때 말소한다. O/X

049. 기록의 말소방법은 인사기록카드상의 당해 처분기록에 말소된 사실을 표기하는 방법에 의하며, 인사기록카드를 재작성하는 방식으로 할 수 없다. O/X

050. 징계처분의 말소방법, 절차 등에 관하여 필요한 사항은 행정안전부장관이 정한다. O/X

정답   47. O   48. O   49. X   50. X

소방공무원법

CHAPTER 04. 승진요건 및 평정관리

001. 승진의 실질적 의미는 하위계급에서 바로 상위계급으로 옮겨지는 것으로 신분이 수직적으로 이동하는 것을 말한다. O/X

002. 소방공무원은 바로 아래 하위계급에 있는 소방공무원 중에서 근무성적, 경력평정, 그 밖의 능력을 실증(實證)하여 승진임용한다. O/X

003. 소방준감 이하 계급으로의 승진은 승진심사에 의한다. 다만, 소방정 이하 계급으로의 승진은 대통령령이 정하는 비율에 따라 승진시험을 병행할 수 있다. O/X

004. 소방정 이하 계급의 소방공무원에 대해서는 대통령령이 정하는 바에 의하여 계급별로 승진심사대상자명부를 작성하여야 한다. O/X

005. 소방준감 이하 계급으로의 승진은 심사승진후보자명부의 순위에 의한다. O/X

006. 소방공무원의 승진에 필요한 계급별 최저근무연수, 승진의 제한, 그 밖에 승진에 필요한 사항은 행정안전부령으로 정한다. O/X

007. 소방감 이상 계급으로의 승진은 임용권자의 임의선발에 의한 승진임용으로 이루어진다. O/X

008. 소방공무원의 승진임용예정인원수는 당해 연도의 실제결원 및 예상되는 결원을 고려해 소방청장이 정한다. O/X

009. 소방장 이하의 경우 당해 계급에의 승진임용예정인원수의 20퍼센트 이내에서 특별승진임용예정인원수를 따로 책정할 수 있다. O/X

010. 심사승진임용과 시험승진임용을 병행하는 경우에 그 승진임용방법별 임용비율은 계급별로 승진임용예정인원수의 각 50퍼센트로 한다. O/X

011. 소방경・소방령・소방준감 계급의 승진소요최저근무연수는 3년이며, 소방정 계급의 승진소요최저근무연수는 4년이다. O/X

012. 소방위와 소방장의 승진소요최저근무연수는 2년이며, 소방교와 소방사의 승진소요최저근무연수는 1년이다. O/X

013. 순직자의 특별승진과 명예퇴직자의 특별승진에 있어서는 승진소요최저근무연수의 규정을 적용하지 아니하며, 기타 업무유공자의 특별승진은 승진소요최저근무연수의 2분의 1 이상이 되어야 한다. O/X

014. 명예퇴직 공적자와 기타 업무유공자의 특별승진은 승진임용이 제한되지 아니한 자 중에서 행하여야 한다. O/X

015. 승진소요최저근무연수에는 휴직기간, 직위해제기간, 징계처분기간 및 승진임용의 제한기간을 산입하지 아니한다. O/X

016. 「공무원 재해보상법」에 따른 공무상 질병 또는 부상으로 인한 휴직기간은 승진소요최저근무연수에 포함하나 시보임용 중의 기간은 승진소요최저근무연수에 포함하지 아니한다. O/X

정답 01. X 02. O 03. X 04. O 05. O 06. X 07. O 08. X 09. O 10. O 11. X 12. O 13. X 14. O 15. O 16. X

017. 강등되거나 강임된 사람이 강등되거나 강임된 계급 이상의 계급에서 재직한 기간은 강등되거나 강임된 계급에서 재직한 연수에 포함하며, 강등되거나 강임되었던 사람이 원(原) 계급으로 승진된 경우에는 강등되거나 강임되기 전의 계급에서 재직한 기간은 원 계급에서 재직한 연수에 포함한다. O/X

018. 소방공무원의 승진소요최저근무연수는 시험승진에 있어서는 1차 시험일의 전일, 심사승진에 있어서는 승진심사 실시일의 전일, 특별승진에 있어서는 승진임용예정일을 기준으로 각각 계산한다. O/X

019. 승진임용제한기간은 징계처분의 집행이 종료된 날부터 강등 24개월, 정직 18개월, 감봉 12개월, 견책 6개월이 지나지 않은 사람은 승진임용이 제한된다. O/X

020. 징계처분 요구 또는 징계의결 요구, 징계처분, 직위해제, 휴직기간 중에 있는 소방공무원은 승진임용을 할 수 없으나 시보임용 기간 중에 있는 소방공무원은 승진할 수 있다. O/X

021. 승진임용제한기간 중인 사람과「소방공무원 교육훈련규정」에 따른 신임교육이나 관리역량교육 또는 소방정책관리자교육을 수료 또는 졸업하지 못한 사람은 승진임용을 할 수 없다. O/X

022. 소방업무에 경험이 있는 의용소방대원 출신자로 경력경쟁채용시험 등을 통해 채용된 소방공무원은 소방위 이상으로 승진할 수 없다. O/X

023. 소방공무원이 징계처분을 받은 후 해당 계급에서 훈장·포장·모범공무원포상·국무총리이상의 표창 또는 제안의 채택·시행으로 포상을 받은 경우에는 승진임용 제한기간의 3분의 2를 단축할 수 있다. O/X

024. 징계처분으로 승진임용 제한기간 중에 있는 사람이 휴직하거나 직위해제처분을 받는 경우 징계처분에 따른 남은 승진임용 제한기간은 복직한 날부터 계산한다. O/X

025. 근무성적평정의 결과는 승진, 전보, 특별승급, 성과상여금 지급, 교육훈련, 보직관리 등 각종 인사관리에 반영하여야 한다. O/X

026. 근무성적의 평정은 당해 소방공무원의 근무성적·직무수행능력·직무수행태도 및 발전성 등을 평가하여야 한다. O/X

027. 소방공무원에 대한 근무성적평정은 연 2회의 정기평정과 수시평정을 실시하되 정기평정은 매년 6월 30일과 12월 31일을 기준으로 한다. O/X

028. 승진소요최저근무연수에 미달되었거나 승진임용 제한기간 중에 있는 자를 불문하고 평정일 현재 재직 중에 있는 모든 소방정 이하의 소방공무원에 대하여 근무성적을 평정한다. O/X

029. 소방공무원이 휴직, 직위해제, 교육훈련이나 그 밖의 사유로 근무성적평정 대상기간 중 실제 근무기간이 1개월 미만인 경우에는 근무평정을 하지 아니한다. O/X

030. 정기평정이후에 신규채용 또는 승진임용된 소방공무원에 대하여는 1월이 경과한 후의 최초의 정기평정일에 평정해야 한다. 다만, 강임된 공무원이 승진임용된 경우에는 강임되기 전의 계급에서의 평정을 기준으로 하여 즉시 평정하여야 한다. O/X

031. 소방공무원이 6월 이상 국가기관·지방자치단체에 파견 근무하는 경우에는 파견 받은 기관의 의견을 참작하여 근무성적을 평정하여야 한다. O/X

정답 ◦ 17.O 18.O 19.X 20.X 21.O 22.X 23.X 24.O 25.O 26.O 27.X 28.O 29.X 30.X 31.O

032. 소방본부에 근무하는 소방위에 대한 제1차 평정자는 소속 부서장(과장 등)이며, 제2차 평정자는 시·도 소방본부장이다. O/X

033. 소방서에서 근무하는 소방위 중 본인이 부서장(안전센터장, 구조대장 등)인 경우 그 부서장의 1차 평정자는 인사주무과장(소방행정과장)이 된다. O/X

034. 소방본부 소속 소방정과 소방령에 대한 제2차 평정자는 소속 시·도 부시장 또는 부지사이다. O/X

035. 소방위 이상의 근무성적평정에서는 직무수행능력의 비중이 가장 높고 소방장 이하의 근무성적평정에서는 근무실적의 비중이 가장 높다. O/X

036. 직무수행태도 평정 시 피평정자의 무단지각, 무단결근, 무단조퇴, 장기간무단이석, 징계·직위해제, 경고·주의, 대민불친절 등을 반영하여 평정한다. O/X

037. 근무성적의 총평정점은 60점을 만점으로 하되, 제1차 평정자와 제2차 평정자는 각각 30점을 최고점으로 하여 평정한다. O/X

038. 근무성적은 평정대상자의 계급별로 평정결과가 수 10퍼센트, 우 40퍼센트, 양 30퍼센트, 가 20퍼센트의 분포비율에 맞도록 평정하여야 한다. O/X

039. 소방공무원 근무성적평정의 결과는 본인에게 공개하여야 한다. O/X

040. 근무성적평정점을 조정하기 위해 승진대상자명부작성 단위기관별로 3인 이상 5인 이하의 위원으로 구성하는 근무성적평정조정위원회를 둘 수 있다. O/X

041. 근무성적조정위원회의 위원장은 제1차 평정자와 제2차 평정자의 평정결과가 분포비율과 맞지 아니할 경우에는 조정위원회를 소집하여 근무성적평정을 소정의 분포비율에 맞도록 조정할 수 있다. O/X

042. 소방공무원의 경력평정은 평정일 현재 승진의 요건을 갖춘 소방정 이하의 소방공무원을 대상으로 한다. O/X

043. 경력평정은 당해 공무원의 인사기록에 의하여 연 2회 실시하며, 경력평정을 실시한 후에 평정된 사실과 다른 사실이 발견된 때에는 이를 재평정하여야 한다. O/X

044. 경력평정과 교육훈련성적평정을 하는 경우 평정자는 피평정자가 소속된 기관의 소방공무원 인사 담당 공무원이, 확인자는 평정자의 직근상급 감독자가 된다. O/X

045. 경력은 기본경력과 초과경력으로 구분하며, 기본경력은 평정기준일로부터 최근 4년간, 초과경력은 기본경력전 6년간을 평정한다. O/X

046. 경력평정대상기간의 산정기준은 승진소요최저근무연수의 계산방법에 따른다. 다만, 승진임용제한기간 및 소방공무원으로 신규임용될 사람이 받은 교육훈련기간은 경력평정대상기간에 포함한다. O/X

047. 경력평정의 대상기간 중에 휴직기간, 직위해제기간, 징계처분기간은 평정기간에서 제외한다. 다만, 징계처분기간 중 감봉처분기간은 포함한다. O/X

정답 32.O 33.O 34.X 35.X 36.O 37.O 38.X 39.X 40.O 41.O 42.X 43.O 44.O 45.X 46.O 47.X

048. 경력평정의 대상기간은 경력월수를 단위로 하여 계산하되, 15일 이상은 1월로 하고, 15일 미만은 경력에 산입하지 아니한다. O/X

049. 교육훈련성적의 평정점은 소방정의 경우 소방정책관리자교육성적 10점만 반영하며, 소방령 이하의 경우는 15점을 반영한다. O/X

050. 2023년 상반기 평정에서 소방위는 관리역량교육성적 3점, 전문교육훈련성적 3점, 직장훈련성적 4점 및 체력검정성적 5점을 반영한다. O/X

051. 소방공무원으로 신규채용된 자로서 임용 전 신임교육을 받지 아니한 자는 신규채용된 후 신임교육을 받아야 한다. O/X

052. 수료 또는 졸업요건을 충족하지 못한 교육훈련과정의 교육훈련성적은 평정 대상에서 제외하며, 소방간부후보생 또는 시보소방공무원이 될 자가 받은 교육훈련성적은 임용예정 계급에서 받은 전문능력성적으로 보아 이를 평정한다. O/X

053. 전문교육훈련성적은 소방공무원 교육훈련기관에서 행하는 신임교육 및 전문교육 과정, 공무원교육훈련기관의 직무관련 교육과정 및 임용권자가 인정하는 외부 교육기관의 직무관련 교육과정 등을 수료한 자에게 부여하는 총 3점 이하의 평정점을 말한다. O/X

054. 직장훈련성적은 「소방공무원교육훈련 규정」에 의하여 정기 또는 수시로 실시한 직장훈련의 성적 중 평정 기준일(연 2회의 정기평정) 이전 6개월간의 평정점을 말한다. O/X

055. 소방기관의 장은 피평정자의 요구가 있는 때에는 경력평정결과와 교육훈련성적 평정결과를 본인에게 알려주어야 한다. O/X

056. 자격증 취득, 학위의 취득이나 언어능력 우수 또는 우수한 업무실적이 있는 경우 등 가점평정의 대상에 해당하는 경우에는 승진대상자명부를 작성할 때 행정안전부령이 정하는 바에 따라 2점 이내에서 가점하여야 한다. O/X

057. 소방공무원이 당해 계급에서 특수지에서 6월을 초과하여 근무한 때에는 그 초과한 날부터 1월마다 0.05점 이내에서 가점을 평정하며, 그 가점은 1.0점을 초과할 수 없다. O/X

058. 가점대상기간의 산정기준은 「소방공무원 승진임용 규정」 제5조에 규정된 승진소요최저근무연수 계산방법(휴직·직위해제 및 징계처분기간을 가점 대상기간에서 제외한다)에 따르되, 모든 휴직기간은 제외한다. O/X

059. 「국가기술자격법」에 따른 컴퓨터활용능력 1급의 자격증을 취득한 경우 0.5점, 2급은 0.3점, 3급은 0.2점을 가점한다. O/X

060. 소방공무원이 해당 계급에서 학사·석사 또는 박사학위를 취득하거나 언어 능력이 우수하다고 인정되는 경우에는 가점평정한다. O/X

정답 48.O 49.O 50.X 51.O 52.X 53.O 54.O 55.O 56.X 57.X 58.O 59.X 60.O

소방공무원법

CHAPTER 05. 승진대상자명부 및 승진임용

001. 승진에 필요한 요건을 갖춘 소방정 이하 소방공무원을 대상으로 계급별로 승진대상자명부를 작성하여야 하며, 승진대상자명부를 작성함에 있어서 가점대상이 있을 경우에는 대통령령이 정하는 바에 따라 가점하여야 한다. O/X

002. 승진대상자명부의 작성에서 소방정 계급의 평정점은 근무성적평정점 60퍼센트, 경력평정점 30퍼센트 및 교육훈련성적평정점 10퍼센트의 비율로 반영한다. O/X

003. 소방령 이하 소방공무원에 대하여는 근무성적평정점 50퍼센트, 경력평정점 25퍼센트 및 교육훈련성적평정점 25퍼센트의 비율에 따라 계급별로 승진대상자명부를 작성하여야 한다. O/X

004. 소방정 소방공무원의 근무성적평정점은 최근 3년 이내에 6회 평정한 평정점의 평균으로 한다. O/X

005. 근무성적평정점의 산정방식에서 소방위 이하 계급의 소방공무원의 근무성적평정점은 최근 2년 이내에 4회 평정한 평정점의 평균으로 한다. O/X

006. 근무성적평정점을 산정하는 경우에 명부작성 기준일 부터 가장 최근의 평정단위기간평정점이 없는 경우 (그 직전에 평정한 평정단위기간평정점 + 45점)/2에 따라 산정한 평정점을 그 평정단위기간의 평정점으로 한다. O/X

007. 소방청장은 소방청 소속 소방공무원과 중앙소방학교·중앙119구조본부·국립소방연구원 소속 소방경 이상의 소방공무원에 대한 승진대상자명부를 작성한다. O/X

008. 시·도지사가 임용권을 행사하는 소방공무원은 시·도지사가 승진대상자명부를 작성한다. 다만, 지방소방학교, 서울종합방재센터, 소방서, 소방체험관 소속 소방위 이하의 소방공무원에 대하여는 지방소방학교장·서울종합방재센터소장·소방서장 또는 소방체험관장이 승진대상자명부를 작성한다. O/X

009. 승진대상자명부 및 승진대상자통합명부는 매년 4월 1일과 10월 1일을 기준으로 하여 이를 작성하며, 작성기준일로부터 20일 이내에 작성하여야 한다. O/X

010. 승진대상자명부의 총평정점이 같은 경우에는 해당 계급에서 장기근무한 사람, 해당 계급의 바로 하위계급에서 장기근무한 사람, 근무성적평정점이 높은 사람, 소방공무원으로 장기근무한 사람의 순으로 선 순위자를 결정한다. O/X

011. 승진대상자명부 작성기준일 현재 승진소요최저근무연수에 미달된 사람, 승진임용의 제한사유에 해당되는 사람, 승진심사대상에서 제외되는 사람이 있는 경우에는 승진제외자명부를 작성하여야 한다. O/X

012. 전출자나 전입자가 있는 경우, 승진소요최저근무연수에 도달한 자가 있는 경우, 경력 재평정을 한 자가 있는 경우에는 승진대상자명부를 조정하여야 한다. O/X

013. 정기평정일 이후에 교육훈련을 받은 경우 승진대상자명부를 조정하여야 한다. O/X

014. 승진대상자명부의 작성 후에 퇴직자가 있는 경우, 승진임용되거나 승진임용후보자로 확정된 경우, 명부작성단위를 달리하는 기관으로 전보된 경우에는 승진대상자명부를 조정하여야 한다. O/X

정답 01.X 02.O 03.X 04.O 05.O 06.O 07.X 08.O 09.O 10.X 11.O 12.O 13.X 14.O

015. 승진대상자명부의 조정은 승진심사 또는 승진시험을 실시하는 달의 말일을 기준으로 하여 이를 실시하되, 승진심사대상자명부 조정일 전까지 조정사유가 확인된 경우로 한한다. O/X

016. 승진임용제한사유에 해당하는 사람은 승진대상자명부에서 삭제하고, 승진제외자명부에 추가(비고란에 제외 사유를 붉은 글자로 기재)한다. O/X

017. 경력평정을 한 후 경력 재평정을 한 자가 있어 승진대상자명부를 조정하는 경우 비고란에 정정사유를 붉은 글자로 기재한다. O/X

018. 승진대상자명부는 그 작성기준일 다음 날부터 효력을 가지며, 승진대상자명부를 조정하거나 삭제한 경우에는 조정한 날로부터 효력을 가진다. O/X

019. 승진대상자명부 작성기관의 장은 승진대상자명부 작성기준일부터 20일 이내에 당해 계급의 승진심사를 실시하는 기관의 장에게 승진대상자명부를 제출하여야 한다. O/X

020. 소방공무원의 승진심사는 연 2회 승진심사위원회가 설치된 기관의 장이 정하는 날에 실시한다. O/X

021. 소방공무원에 대한 승진심사를 하기 위하여 소방청에 중앙승진심사위원회를 두고, 소방청 및 대통령령으로 정하는 소속 기관에 보통승진심사위원회를 둔다. O/X

022. 중앙승진심사위원회 및 보통승진심사위원회는 위원장을 포함한 위원 5명 이상 7명 이하로 구성한다. O/X

023. 승진심사위원회의 위원장은 승진심사위원회를 대표하고, 승진심사위원회의 사무를 총괄하며, 위원장이 부득이한 사유로 직무를 수행할 수 없는 때에는 위원장이 미리 지명한 위원이 그 직무를 대행한다. O/X

024. 중앙소방학교 승진심사위원회의 위원장 및 위원은 중앙소방학교의 장이 승진심사대상자보다 상위계급의 소속 공무원 또는 외부 전문가 중에서 임명하거나 위촉한다. O/X

025. 보통승진심사위원회의 위원은 해당 승진심사기간 중에는 2 이상의 계급의 승진심사위원을 겸할 수 없다. 다만, 위원이 될 대상자가 부족하거나 특별승진심사 등의 경우에는 그러하지 아니하다. O/X

026. 소방청 중앙승진심사위원회는 소방청과 그 소속기관 소방공무원 및 소방정인 지방소방학교장의 소방준감으로의 승진심사를 담당한다. O/X

027. 중앙소방학교 보통승진심사위원회는 소속 소방위 이하 계급으로의 승진심사를 담당한다. O/X

028. 승진심사위원회 회의는 비공개로 진행하며, 재적위원 과반수의 출석과 출석위원 과반수의 찬성으로 의결한다. O/X

029. 승진심사는 승진대상자명부 또는 승진대상자통합명부의 순위가 높은 사람부터 실시하되, 심사승진예정인원수가 11명 이상인 경우 승진임용예정 인원수 10명을 초과하는 1명당 3배수를 대상으로 한다. O/X

030. 승진심사위원회 회의의 소집은 위원장이 필요하다고 인정할 때에 소집한다. O/X

031. 소방공무원 승진임용규정에 의한 승진임용의 제한자와 시험부정행위로 승진시험에 응시할 수 없는 자는 승진심사대상에서 제외한다. O/X

정답 15. X 16. O 17. O 18. X 19. X 20. X 21. O 22. X 23. O 24. X 25. O 26. O 27. X 28. X 29. X 30. X 31. O

032. 승진심사는 비밀이 보장되는 장소에서 실시하여야 하며, 그 장소에는 승진심사위원(위원장 포함)·간사 및 서기 외의 자가 접근하지 아니하도록 하여야 한다. O/X

033. 승진심사위원회의 승진심사요소에 대한 평가는 근무성적, 경험한 직책에 대한 위원평가와 업무수행능력 및 인품에 대한 객관평가로 구분하여 점수로 평가한다. O/X

034. 승진심사의 본심사는 제1단계 사전심의에서 승진심사 선발인원의 2배수 내외로 회부된 심사대상자에 대하여 심사위원 전원합의로 최종승진임용예정자를 선발하되, 전원합의가 이루어지지 않으면 투표로 결정한다. O/X

035. 승진심사위원회는 승진심사를 완료한 때에는 지체 없이 승진심사종합평가서, 승진심사의결서, 승진임용예정자로 선발된 자 및 선발되지 아니한 자의 명부를 작성하여 당해 위원회가 설치된 기관의 장에게 보고하여야 한다. O/X

036. 심사승진후보자명부에 등재된 자가 승진임용되기 전에 감봉 이상의 징계처분을 받은 경우 심사승진후보자명부에서 삭제하여야 하며, 다시 임용 또는 임용제청을 할 수 없다. O/X

037. 소방공무원의 승진시험은 소방청장이 실시하며, 소방청장의 위임에 의해 시·도지사는 시·도 소속 소방공무원의 소방장 이하 계급으로의 시험을 실시한다. O/X

038. 승진시험의 응시자격은 제2차 시험 실시일 현재 승진소요최저근무연수에 도달하여야 하며, 승진임용의 제한을 받은 자가 아니어야 한다. O/X

039. 시보임용 기간 중에 있는 사람은 해당 계급의 승진시험에 응시할 수 없다. O/X

040. 시험실시권자가 승진시험을 실시하고자 할 때에는 그 일시·장소 기타 시험의 실시에 관하여 필요한 사항을 시험실시 20일 전까지 공고하여야 한다. O/X

041. 소방위 이하 승진시험에서 소방전술은 공통과목이며, 소방령과 소방경 승진시험의 과목은 행정법, 소방법령Ⅰ·Ⅱ·Ⅲ, 선택1(행정학, 조직학, 재정학)이다. O/X

042. 승진시험 최종합격자는 제1차 성적 50퍼센트, 제2차 성적 20퍼센트 및 당해 계급에서의 최근에 작성된 승진대상자명부의 총평정점 30퍼센트를 합산한 성적의 고득점 순위에 의하여 결정한다. O/X

043. 최종합격자를 결정할 때 시험승진임용예정인원수를 초과하여 동점자가 있는 경우에는 최근에 작성된 승진대상자명부의 총평정점이 높은 사람이 최우선순위이다. O/X

044. 승진시험에서 부정행위를 한 소방공무원에 대하여는 5년간 승진시험에 응시할 수 없으며 그 명단을 관보에 게재해야 한다. O/X

045. 모든 소방공무원의 귀감이 되는 공을 세우고 순직한 사람에 대하여는 소방위 이하 계급까지 2계급 특별승진시킬 수 있다. O/X

046. 직무정려 공적자, 직무수행능력의 탁월로 소방행정발전 공헌자, 창안등급 동상 이상을 받은 사람으로서 소방행정발전에 기여한 사람은 소방령 이하의 계급으로 승진시킬 수 있다. O/X

정답 ― 32.O 33.X 34.O 35.O 36.X 37.O 38.X 39.O 40.O 41.O 42.X 43.O 44.X 45.X 46.O

047. 특별승진에서 명예퇴직자 공적은 해당 계급에서 행한 공적에 한정하지 아니하나 기타 업무 유공자의 공적은 소방공무원이 해당 계급에서 이룩한 공적으로 한정한다. O/X

048. 20년 이상 근속하고 정년퇴직일 전 1년 이상의 기간 중 자진하여 퇴직하는 사람으로서 재직 중 특별한 공적이 있다고 인정되는 사람은 모든 계급으로 승진임용이 가능하다. O/X

049. 천재·지변·화재 기타 이에 준하는 재난에 있어서 위험을 무릅쓰고 헌신 분투하여 다수의 인명을 구조하거나 재산의 피해를 방지한 사람은 1계급 특진승진의 대상이다. O/X

050. 특별승진은 소방청장 또는 시·도지사가 필요하다고 인정하면 수시로 실시할 수 있다. O/X

051. 순직자의 특별승진에 있어서는 승진임용 구분별 임용비율과 승진임용예정 인원수의 책정, 승진소요최저근무연수 및 승진임용의 제한규정을 적용하지 아니한다. O/X

052. 명예퇴직 유공자의 특별승진은 승진임용의 제한규정을 적용하지 아니한다. O/X

053. 직무수행능력 탁월로 소방행정발전 공헌자의 특별승진은 당해 계급에서의 근무기간이 승진소요최저근무연수의 3분의 2 이상이 되고, 승진임용이 제한되지 아니한 사람 중에서 행한다. O/X

054. 소방청과 그 소속기관 소방공무원, 소방본부장 및 지방소방학교장의 특별승진심사는 소방청 보통승진심사위원회에서 실시한다. O/X

055. 천재·지변·화재 기타 이에 준하는 재난에 있어서 위험을 무릅쓰고 헌신 분투하여 현저한 공을 세우고 사망하였거나 부상을 입어 사망한 사람의 특별승진의 경우에는 특별승진심사를 생략할 수 있다. O/X

056. 특별승진심사에 의한 승진임용예정자의 결정은 찬·반 투표로써 하며, 결정된 자가 특별승진임용예정인원수보다 많은 경우에는 당해 자만을 대상으로 재투표하여 결정한다. O/X

057. 특별승진심사위원회 위원장은 특별승진임용예정자를 결정한 때에는 승진심사의결서, 특별승진임용예정자명부, 특별승진심사탈락자명부를 첨부하여 소방청장에게 보고하여야 한다. O/X

058. 특별승진후보자는 심사승진후보자 및 시험승진후보자에 우선하여 임용할 수 있다. O/X

059. 소방사 4년, 소방교 5년, 소방장 6년 6개월, 소방위 8년 이상 근속자는 상위계급으로 근속승진할 수 있다. O/X

060. 소방위 이하 근속승진 임용대상자는 근속승진 임용일 전월초일 기준으로 근속승진 기간 이상 동안 재직하여야 하며, 근속승진 기간은 승진소요최저근무연수의 계산 방법에 따라 계산한다. O/X

061. 근속승진 후보자는 승진대상자명부에 등재되어 있고, 최근 2년간 평균 근무성적평정점이 "양" 이하에 해당하지 아니한 사람으로 한다. O/X

062. 임용권자는 소방경으로의 근속승진임용을 위한 심사를 연 2회 실시할 수 있고, 연도별로 합산하여 해당기관의 근속승진 대상자의 100분의 30에 해당하는 인원 수(소수점 이하가 있는 경우에는 1명을 가산한다)를 초과하여 근속승진 임용할 수 없다. O/X

정답 ▶ 47.O 48.X 49.O 50.O 51.O 52.X 53.O 54.X 55.O 56.O 57.X 58.O 59.O 60.X 61.O 62.X

063. 근속승진 요건에 해당하는 경우에는 근속승진 기간에 도달하기 7일 전부터 승진심사를 할 수 있으며, 근속승진 심의결과 부적격자로 결정된 경우에는 근속승진임용을 할 수 없다. O/X

064. 소방경 근속승진 임용대상자는 매년 4월 30일을 기준으로 「소방공무원법」 제15조 제1항에 따른 기간 이상 동안 재직하여야 한다. O/X

065. 소방교, 소방장, 소방위 근속승진임용의 시기는 매월 1일로 하고, 소방경 근속승진임용의 시기는 매년 5월 1일로 한다. O/X

066. 소방위 이하의 근속승진심사는 월 1회, 소방경 근속승진심사는 연 2회 실시한다. O/X

067. 소방경 근속승진을 위한 심사위원회의 구성 및 운영은 보통승진심사위원회의 규정에 따르며, 소방위 이하 근속승진을 위한 심사위원회는 사전심의를 생략하고 본심사로 승진후보자를 결정한다. O/X

068. 징계처분, 직위해제, 휴직 또는 시보임용 기간 중에 있는 사람, 승진임용제한기간 중에 있는 사람은 근속승진 임용을 제한한다. O/X

069. 근속승진대상자명부는 승진대상자명부 작성방법을 준용하여 계급별로 작성하여야 하며, 재직기간별로 승진대상자 명부를 구분하여 작성할 수 없다. O/X

070. 상위계급으로 근속승진 하는 경우, 근속승진된 자가 당해 계급에 재직하는 동안은 근속승진된 인원만큼 근속승진된 계급의 정원은 증가하고 종전계급의 정원은 감축된 것으로 본다. O/X

071. 심사승진 및 시험승진 결과 승진후보자로 확정된 자는 근속승진 임용할 수 없다. O/X

072. 대우공무원으로 선발되기 위해서는 소방경 이하는 5년 이상, 소방령과 소방정은 7년 이상 근무하여야 한다. O/X

073. 임용권자는 매월 말 5일 전까지 대우공무원 발령일을 기준으로 하여 대우공무원 선발요건에 적합한 대상자를 결정하여야 하며, 그 다음 월 1일에 일괄하여 대우공무원으로 발령하여야 한다. O/X

074. 대우공무원이 징계 또는 직위해제 처분을 받는 경우 대우공무원수당은 지급이 중단된다. O/X

075. 대우공무원이 강임되는 경우 임용일자에 상위계급의 대우자격은 당연히 상실되며, 강임일자에 강임된 계급의 바로 상위계급의 대우공무원으로 선발할 수 있다. O/X

정답 ▸ 63.X 64.O 65.O 66.O 67.O 68.O 69.X 70.O 71.X 72.O 73.O 74.X 75.O

소방공무원법

CHAPTER 06. 복무 및 신분보장

001. 공무원은 취임할 때에 반드시 소속 기관장 앞에서 대통령령으로 정하는 바에 따라 선서를 하여야 한다. O/X

002. 공무원은 직무를 수행할 때 소속 상관의 직무상 명령에 복종하여야 한다. 소속 상관의 적법한 직무상 명령은 이행하여야 하지만, 상관의 위법한 명령에 대한 복종의 의무는 없다. O/X

003. 소방공무원의 경우 소방장 이상은 재산등록의 의무, 소방정감 이상은 재산공개의 의무가 있다. O/X

004. 소방공무원법에서 직접 강제하고 있는 소방공무원의 의무는 복종의 의무, 직장이탈금지, 거짓보고 등의 금지, 지휘권 남용의 금지 등 4가지이다. O/X

005. 소방공무원이 소방공무원법 제22조(지휘권남용 등의 금지)를 위반한 때에는 10년 이하의 징역 또는 금고에 처한다. O/X

006. 공무원의 연가에는 휴가·병가·공가 및 특별휴가로 구분한다. O/X

007. 「병역법」그 밖의 법령에 의한 징병검사에 응하거나 동원훈련에 참가할 때, 법률의 규정에 의하여 투표에 참가할 때, 승진시험에 응시할 때에는 공가를 활용할 수 있다. O/X

008. 만8세 이하의 자녀를 양육하기 위하여 필요하거나 여성공무원이 출산하게 된 때의 휴직명령은 그 소방공무원이 원하는 경우 이를 분할하여 할 수 있다. O/X

009. 상시근무체제를 유지하기 위한 교대자 근무자를 포함하여 임용권자는 소방공무원이 원할 때에는 통상적인 근무시간보다 짧은 시간을 근무하는 시간선택제전환소방공무원으로 지정할 수 있다. O/X

010. 시간선택제전환소방공무원의 근무시간은 1주당 15시간 이상 30시간 이하의 범위에서 임용권자 또는 임용제청권자가 정하되, 1일 최소 3시간 이상이어야 한다. O/X

011. 업무대행 소방공무원은 1명을 지정함을 원칙으로 하고, 업무의 특성상 여러 명을 지정할 필요가 있는 경우에는 최대한의 인원으로 하되, 5명을 초과할 수 없다. O/X

012. 소방공무원은 휴무일이나 근무시간 외에 공무가 아닌 사유로 3시간 이내에 직무에 복귀하기 어려운 지역으로 여행하려는 경우에는 소속 소방기관의 장에게 신고하여야 한다. O/X

013. 소방기관의 장은 근무성적이 뛰어나거나 다른 소방공무원의 모범이 될 공적이 있는 소방공무원에게 1회 10일 이내의 포상휴가를 허가할 수 있다. O/X

014. 직무와 관련하여 「형법」 제355조(횡령, 배임)에 규정된 죄를 범한 공무원으로서 금고 이상의 형의 선고유예를 선고받고 그 선고유예기간 중에 있는 경우 당연퇴직 한다. O/X

015. 임용권자는 직권면직시킬 경우에는 미리 관할 징계위원회의 의견을 들어야 하며, 직위가 없어지거나 과원이 되어 직권면직을 하는 경우에는 인사위원회의 동의를 받아야 한다. O/X

016. 신체·정신상의 장애로 장기요양이 필요할 때에 임용권자는 본인의 의사에도 불구하고 휴직을 명하여야 한다. O/X

정답 01.X 02.O 03.O 04.O 05.X 06.X 07.O 08.O 09.X 10.X 11.X 12.O 13.O 14.O 15.X 16.O

017. 휴직기간이 끝난 공무원이 30일 이내에 복귀신고를 하면, 임용권자는 지체 없이 복직을 명해야 한다. O/X

018. 직무수행능력이 부족하거나 근무성적이 극히 나쁜 자, 중징계의결이 요구 중인 자, 형사사건으로 기소된 자(약식명령이 청구된 자 포함)는 직위해제의 사유에 해당한다. O/X

019. 임용권자는 직제 또는 정원의 변경이나 예산의 감소 등으로 직위가 없어지거나 강등되어 과원이 되었을 때 또는 본인이 동의한 경우에는 소속 공무원을 강임할 수 있다. O/X

020. 본인이 동의하여 강임된 공무원은 상위 직급에 결원이 생기면 승진시험, 승진심사를 거치지 않고 승진후보자 명부의 우선순위에 불구하고 우선 임용된다. O/X

021. 소방공무원의 연령정년은 현재 60세이다. O/X

022. 소방정감 이상과 소방경 이하는 계급정년이 없으며, 소방감은 4년 소방준감은 6년 소방정은 11년 소방령은 15년이다. O/X

023. 소방공무원은 그 정년이 되는 날이 1월에서 6월 사이에 있는 경우에는 6월 30일에 당연히 퇴직하고, 7월에서 12월 사이에 있는 경우에는 12월 31일에 당연히 퇴직한다. O/X

024. 강등된 계급의 계급정년은 강등되기 전 계급 중 가장 높은 계급의 계급정년으로 하며, 계급정년을 산정할 때에는 강등되기 전 계급의 근무연수와 강등 이후의 근무연수를 합산한다. O/X

025. 소방청장 또는 시·도지사는 전시, 사변, 그 밖에 이에 준하는 비상사태에서는 2년의 범위에서 계급정년을 연장할 수 있다. O/X

026. 계급정년을 연장하는 경우 소방령 이상의 소방공무원에 대해서는 소방청장의 제청으로 국무총리를 거쳐 대통령의 승인을 받아야 한다. O/X

027. 군인이나 경찰·소방 공무원으로서 국가의 수호·안전보장 또는 국민의 생명·재산 보호와 직접적인 관련이 없는 직무수행이나 교육훈련 중 사망한 사람은 재해사망군경의 예우를 받는다. O/X

028. 소방공무원으로서 국가의 수호·안전보장 또는 국민의 생명·재산보호와 직접적인 관련이 있는 직무수행이나 교육훈련 중 상이를 입고 전역하거나 퇴직한 사람으로서 그 상이정도가 국가보훈처장이 실시하는 신체검사에서 상이등급으로 판정된 사람은 공상군경의 예우를 받는다. O/X

029. 국가유공자 등 예우 및 지원에 관한 법률에 의한 유족 또는 가족의 범위에는 배우자, 자녀, 부모, 성년인 직계비속이 없는 조부모, 65세 미만의 직계존속과 성년인 형제자매가 없는 미성년 제매이다. O/X

030. 보훈급여금은 보상금, 수당 및 사망일시금으로 구분한다. O/X

031. 소방청장은 소방공무원의 특수근무환경에 따른 건강유해인자 분석과 소방공무원의 진료를 담당하게 하기 위하여 행정안전부령으로 정하는 의료기관을 소방전문치료센터로 지정·운영할 수 있다. O/X

032. 중앙 및 지역소방전문치료센터는 모두 소방공무원의 진료와 소방공무원의 특수건강진단, 소방공무원의 건강관리에 관하여 소방청장 또는 시·도지사가 요청하는 사항의 업무를 담당한다. O/X

정답 17.X 18.X 19.O 20.X 21.O 22.X 23.O 24.O 25.X 26.O 27.O 28.O 29.X 30.O 31.X 32.O

033. 지역소방전문치료센터의 운영비용은 국가 또는 시·도가 부담하며, 그 밖에 지역소방전문치료센터의 운영에 필요한 사항은 시·도지사 등 관계기관의 의견을 들어 소방청장이 정한다. O/X

034. 공무원은 누구나 인사·조직·처우 등 직무 조건과 관련된 신상 문제와 성폭력범죄·성희롱 및 부당한 행위 등으로 인한 신상 문제와 관련된 고충의 처리를 요구할 수 있다. O/X

035. 소방공무원 고충심사위원회의 심사를 거친 소방공무원의 재심청구와 소방령 이상의 소방공무원의 인사상담 및 고충은 중앙고충심사위원회에서 심사한다. O/X

036. 소속 소방경 이하 소방공무원의 인사상담 및 고충을 심사하기 위하여 인사혁신처, 소방청 및 대통령령이 정하는 소방기관에 소방공무원고충심사위원회를 둔다. O/X

037. 고충심사위원회는 청구서에 흠이 있다고 인정할 때에는 청구서를 접수한 날로부터 5일 이내에 상당한 기간을 정하여 청구인에게 이의 보완을 요구할 수 있다. O/X

038. 고충심사위원회의 위원 중 청구인의 친족이거나 청구사유와 밀접한 관계가 있는 자는 그 고충심사를 회피할 수 있다. O/X

039. 고충심사위원회가 청구서를 접수한 때에는 30일 이내에 고충심사에 대한 결정을 하여야 한다. 다만, 부득이하다고 인정되는 경우에는 고충심사위원회의 의결로 30일을 연장할 수 있다. O/X

040. 고충심사위원회의 결정은 회의 구성원 과반수의 합의에 의한다. O/X

041. 소방공무원고충심사위원회의 고충심사에 대하여 불복이 있어 재심을 청구하는 경우에는 그 심사결과를 통보받은 날로부터 15일 이내에 청구서를 제출하여야 한다. O/X

042. 징계처분이나 휴직처분, 면직처분, 그 밖에 의사에 반하는 불리한 처분에 대한 행정소송에서 소방청장을 피고로 하고, 시·도지사가 임용권을 행사하는 경우에는 관할 시·도지사를 피고로 한다. O/X

043. 소방청장은 모든 소방공무원에게 균등한 교육훈련의 기회가 주어지도록 교육훈련에 관한 종합적인 기획 및 조정을 하여야 하며, 소방공무원의 교육훈련을 위한 소방학교를 설치·운영하여야 한다. O/X

044. 소방청장과 시·도지사는 소방공무원의 인사행정이 「소방공무원법」과 「국가공무원법」에 따라 운영되도록 지휘·감독한다. O/X

045. 소방공무원은 제복을 착용하여야 하며, 복제에 관한 사항은 행정안전부령으로 정한다. O/X

046. 소방령 이하의 소방공무원은 직무와 관련된 전문교육을 받아야 한다. O/X

047. 소방교육훈련발전위원회의 위원장은 중앙소방학교의 장이 되고, 위원은 소방청 소방공무원 교육훈련 담당 과장, 중앙소방학교 각 과장, 각 지방소방학교의 장이 된다. O/X

048. 6개월 이상의 위탁교육을 받은 경우 5년의 범위에서 교육훈련기간과 같은 기간(국외 위탁훈련의 경우에는 2배에 해당하는 기간) 동안 교육훈련분야와 관련된 직무분야에서 복무하여야 한다. O/X

정답 | 33. X | 34. O | 35. O | 36. X | 37. X | 38. O | 39. O | 40. X | 41. X | 42. O | 43. O | 44. X | 45. O | 46. O | 47. X | 48. X

049. 소방청장은 다음 연도의 소방공무원 교육훈련에 관한 기본정책 및 기본지침을 매년 11월 30일까지 수립하여 특별시장·광역시장 또는 도지사와 교육훈련기관의 장에게 통보하여야 한다. O/X

050. 담당할 분야와 관련된 실무·연구 또는 강의경력이 3년 이상인 자, 담당할 분야와 관련된 자격증을 소지한 사람은 교육훈련기관의 교수요원이될 수 있다. O/X

051. 소방기관의 장은 소속 소방공무원에게 새로운 전문지식과 직무수행에 필요한 학식·기술 및 정보 등을 습득할 수 있도록 하기 위하여 정기적으로만 직장훈련을 실시하여야 한다. O/X

052. 국외에서 위탁교육훈련을 받은 자는 귀국보고일로부터 30일 이내에 연구보고서를 작성하여 소방청장 등에게 제출하여야 한다. O/X

053. 소방청장은 소방공무원 보건안전 및 복지 기본계획을 3년마다 시행연도의 전년도 6월 30일까지 작성하여 관계 중앙행정기관의 장과 협의한 후 11월 30일까지 대통령의 승인을 받아야 한다. O/X

054. 시·도지사는 소방공무원 보건안전 및 복지 기본계획에 따라 매년 연도별 소방공무원 보건안전 및 복지 계획을 수립·시행하여야 한다. O/X

055. 소방공무원에 대한 보건안전 및 복지에 관한 정책수립과 그 시행 등에 관한 사항을 심의하기 위하여 소방청에 소방공무원 보건안전 및 복지 정책심의위원회를 둔다. O/X

056. 제복은 소방복, 소방모(消防帽), 소방화(消防靴), 계급장, 휘장(徽章) 및 그 부속물로 구분할 때 넥타이, 넥타이핀, 허리띠, 단추 및 이름표는 모두 부속물에 속한다. O/X

057. 제복은 여름철(5.10~9.30)에는 하복을 착용하고, 겨울철(10.1~5.9)에는 동복을 착용하여야 한다. 다만, 하복과 동복의 구별이 없는 제복은 그러하지 아니하다. O/X

058. 제복의 차림에서 평상시 외근이나 대기근무를 할 때, 당직, 상황근무를 할 때, 대외행사를 개최하거나 관련행사에 참여할 때는 특수장을 한다. O/X

정답 49.O 50.O 51.X 52.O 53.X 54.X 55.O 56.O 57.O 58.X

소방공무원법

CHAPTER 07. 징계 및 불복

001. 징계벌과 형사벌은 그 권력의 기초·목적·내용 및 대상 등이 유사하므로 동일한 행위에 대하여 징계책임과 형사책임을 동시에 물을 수 없다. O/X

002. 직무 내외를 불문하고 그 체면 또는 위신을 손상하는 행위를 한 때 징계 의결을 요구하여야 하고 그 징계 의결의 결과에 따라 징계처분을 하여야 한다. O/X

003. 징계 사유가 금품 및 향응 수수(授受), 공금의 횡령·유용인 경우에는 해당 징계 외에 그 수수·횡령·유용액의 5배내의 징계부가금 부과 의결을 징계위원회에 요구하여야 한다. O/X

004. 징계에 관하여 다른 법률의 적용을 받는 공무원이 소방공무원법의 징계에 관한 규정의 적용을 받는 공무원으로 임용된 경우에는 임용 이전의 다른 법률에 의한 공무원 징계사유는 그 사유가 발생한 날로부터 소방공무원법에 의한 징계사유가 발생한 것으로 본다. O/X

005. 징계의결의 요구는 징계사유가 발생한 날로부터 2년(단, 금품 및 향응수수, 예산 및 기금, 보조금의 횡령·유용 등의 경우에는 5년)이 지나면 하지 못한다. O/X

006. 감사원의 조사 또는 수사기관의 수사 중인 사건의 통보를 받고 징계절차를 진행하지 못하여 시효기간이 지나거나 그 남은 기간이 1개월 미만인 경우에 있어서의 징계시효기간은 그 조사나 수사의 종료 통보를 받은 날로부터 1개월이 지난날에 끝나는 것으로 본다. O/X

007. 징계의 종류는 징계양정의 경중에 따라 구분하면 파면·해임·강등·정직은 중징계이며, 감봉·견책은 경징계에 속한다. O/X

008. 파면의 처분을 받은 자는 파면의 처분을 받은 날로부터 5년을 경과하여야만 다시 공무원에 임용될 수 있으며, 5년 이상 재직한 경우 퇴직급여와 퇴직수당은 1/4 감액한다. O/X

009. 해임의 처분을 받으면 퇴직급여의 감액이 없고 전액을 지급받는다. 단 금품 및 향응수수, 공금의 횡령·유용으로 징계 해임된 경우 5년 이상 재직시 퇴직급여는 1/4 감액한다. O/X

010. 강등은 1계급 아래로 직급을 내리고 공무원신분은 보유하나 1개월 이상 3개월 이하의 기간 동안 직무에 종사하지 못하며 그 기간 중 보수는 전액을 감한다. O/X

011. 정직은 3개월간으로 하고 정직처분을 받은 자는 그 기간 중 공무원의 신분은 보유하나 직무에 종사하지 못하며, 보수는 전액을 감한다. O/X

012. 강등과 정직의 징계처분을 받으면 처분집행의 종료일로부터 18개월 동안 승진 및 승급이 제한된다. O/X

013. 감봉은 1개월 이상 3개월 이하의 기간 직무에는 종사하나 보수의 3분의 1을 감하며, 처분집행의 종료일로부터 12개월 동안 승진 및 승급 제한된다. O/X

014. 금품 및 향응 수수, 공금의 횡령·유용으로 인해 강등, 정직, 감봉, 견책 등의 징계처분을 받은 경우 승진 및 승급제한기간이 3개월씩 가산된다. O/X

정답 01. X 02. O 03. O 04. O 05. X 06. O 07. O 08. X 09. O 10. X 11. X 12. O 13. O 14. X

015. 소방정 이하의 소방공무원에 대한 징계의결을 하기 위하여 소방청 및 대통령령으로 정하는 소방기관에 소방공무원 징계위원회를 둔다. O/X

016. 신체·정신상의 장애로 장기요양이 필요할 때에 임용권자는 본인의 의사에도 불구하고 휴직을 명하여야 한다. O/X

017. 중앙소방학교·중앙119구조본부·국립소방연구원·지방소방학교·서울종합방재센터·소방서 등에 설치된 징계위원회는 위원장 1명을 포함하는 3명 이상 5명 이하의 위원으로 구성한다. O/X

018. 징계위원회의 공무원위원은 징계등 심의 대상자보다 상위계급의 소방위 이상의 소방공무원 중에서 해당 징계위원회가 설치된 기관의 장이 임명하되, 특별한 사유가 없으면 최상위 계급자부터 차례로 임명하여야 한다. O/X

019. 소방청 및 시·도에 설치된 징계위원회의 민간위원은 징계위원회가 설치된 소방기관의 장이 대학에서 법률학·행정학 또는 소방 관련 학문을 담당하는 정교수 이상으로 재직 중인 사람을 3년 임기로 위촉할 수 있다. O/X

020. 소방청 징계위원회는 모든 소방청 소속기관의 소방정 또는 소방령인 소방공무원의 징계사건 등을 관할하며, 중앙소방학교 징계위원회는 소속 소방위 이하의 소방공무원에 대한 징계사건을 관할한다. O/X

021. 시·도 징계위원회는 시·도지사가 임용권을 행사하는 소방공무원에 대한 징계 또는 징계부가금 부과 사건을 심의·의결한다. O/X

022. 임용권자가 동일한 2인 이상의 소방공무원이 관련된 징계 또는 징계부가금 부과사건으로서 관할 징계위원회가 다른 경우에는 그 중의 1인이 상급소방기관에 소속된 경우에는 상급소방기관에 설치된 징계위원회에서 관할한다. O/X

023. 징계위원회는 위원장을 포함한 위원 과반수(과반수가 3인 미만인 때에는 3인 이상)의 출석으로 개의(開議)하고 위원 과반수의 출석과 출석위원 과반수의 찬성으로 의결한다. O/X

024. 징계위원회의 회의는 공개하지 아니하며, 징계위원회의 회의에 참여한 자는 직무상 알게 된 비밀을 누설하여서는 아니 된다. O/X

025. 징계등의 정도에 관한 기준은 소방청장이 정한다. 징계위원회는 징계등 사건을 의결할 때에는 징계등 심의 대상자의 혐의 당시 계급, 징계등 요구의 내용, 비위행위가 공직 내외에 미치는 영향, 평소 행실, 공적(功績), 뉘우치는 정도 또는 그 밖의 사정을 고려해야 한다. O/X

026. 비위의 도가 중하고 고의가 있는 직무태만의 징계양정의 기준은 파면 또는 해임이다. O/X

027. 일반적인 정책결정사항으로 징계의결을 할 때 담당자와 감독자에 대한 문책기준 1순위에 해당하는 사람은 직상감독자이다. O/X

028. 수사기관으로부터 공무원의 범죄사건에 대한 결과통보에서 혐의 없음 또는 죄가 안됨으로 결정된 경우에는 내부종결 처리할 수 있다. O/X

정답 15.O 16.O 17.X 18.O 19.O 20.X 21.O 22.O 23.O 24.O 25.O 26.X 27.O 28.O

029. 「상훈법」에 의한 훈장 또는 포장을 받은 공적, 「정부표창규정」에 의해 국무총리 이상(비위행위 당시 소방령 이하 소방공무원은 시·도지사 이상)의 표창을 받은 공적, 「모범공무원규정」에 의해 모범공무원으로 선발된 공적은 감경대상 공적이다. O/X

030. 비위가 성실하고 능동적인 업무처리과정에서 과실로 인하여 생긴 것으로 인정될 때에는 징계의결을 요구하지 않고 주의 또는 경고 등의 조치를 할 수 있다. O/X

031. 행위자에게 대형화재·사회이목이 집중된 소방업무에 관해 큰 공로가 있는 경우 정상 참작사유가 있을 때는 관련 자료를 첨부하고 징계책임을 감경하여 징계의결을 요구할 수 있다. O/X

032. 소방공무원이 징계처분이나 징계위원회의 권고에 의한 경고처분을 받은 사실이 있는 경우 그 징계처분이나 경고처분 전의 공적은 감경대상 공적이나, 징계의결내용 중 중점관리대상 비위에 대해서는 징계를 감경할 수 없다. O/X

033. 고의 또는 중과실에 의하지 않은 비위로서 능동적인 업무처리 과정에서 발생한 경우, 적법하게 처리될 것으로 기대하기 곤란한 경우에는 징계의결 또는 징계부가금 부과 의결을 하지 아니한다. O/X

034. 징계위원회는 서로 관련 없는 2개 이상의 비위가 경합될 때와 하나의 행위로 동시에 수종의 비위가 발생한 때에는 그 중 책임이 중한 비위에 해당하는 징계의 범위 내에서 징계의결을 요구할 수 있다. O/X

035. 승진임용 제한기간이 끝난 후 1년 이내에 발생한 비위로 징계의결이 요구된 경우에는 1단계 위의 징계로 의결할 수 있다. O/X

036. 징계의결의 요구권자는 소방정 이상의 소방공무원은 소방청장이며, 소방령 이하의 소방공무원은 해당 소방공무원의 징계등을 관할하는 징계위원회가 설치된 기관의 장이다. O/X

037. 징계등 의결을 요구하는 때에는 징계 등 사유에 대한 충분한 조사를 한 후에 그 증명에 필요한 관계 자료를 관할 징계위원회에 제출하여야 하고, 중징계 또는 경징계로 구분하여 요구하여야 한다. O/X

038. 징계사유를 통보받은 소방기관의 장은 타당한 이유가 없으면 통지를 받은 날부터 30일 이내에 관할 징계위원회에 징계의결을 요구하거나 신청하여야 한다. 다만, 감사원법의 규정에 의한 요구를 받은 경우에는 10일 이내에 관할 징계위원회에 징계의결을 요구하여야 한다. O/X

039. 징계위원회가 징계등 심의 대상자의 출석을 요구할 때에는 출석 통지서로 하되, 징계위원회 개최일 3일 전까지 그 징계등 심의 대상자에게 도달되도록 하여야 한다. O/X

040. 징계등 심의대상자의 주소가 분명하지 아니한 경우의 출석통지는 관보(공보)에 의하여야 한다. 이 경우 관보 또는 공보에 게재한 날부터 10일이 지나면 그 통지서가 송달된 것으로 본다. O/X

041. 징계위원회는 출석 통지를 하였음에도 불구하고 징계등 심의 대상자가 정당한 사유 없이 출석하지 아니하였을 때에는 그 사실을 기록에 분명히 적고, 서면심사로 징계등 의결을 할 수 있다. O/X

042. 징계등 심의 대상자가 출석통지서의 수령을 거부한 경우에는 징계위원회에서의 진술권을 포기한 것으로 보며, 이 경우에도 해당 징계위원회에 출석하여 진술할 수 있다. O/X

정답 29.X 30.O 31.O 32.X 33.O 34.X 35.O 36.X 37.O 38.X 39.O 40.X 41.O 42.O

043. 징계위원회의 위원 중 징계등 심의대상자의 친족이나 그 징계등 사유와 관계가 있는 사람은 그 징계등 사건의 심의에 관여하지 못하는 것을 징계위원의 제척 또는 기피라 한다. O/X

044. 징계등 심의 대상자는 위원 중에서 불공정한 의결을 할 우려가 있다고 의심할 만한 타당한 이유가 있을 때에는 그 사실을 서면으로 소명하고 해당 위원의 기피를 신청할 수 있으며, 이 경우 해당 징계등 사건을 심의하기 전에 의결로써 해당 위원의 기피 여부를 결정하여야 한다. O/X

045. 징계위원회는 징계등 심의 대상자에게 진술할 수 있는 기회를 충분히 주어야 하며, 징계등 심의 대상자는 서면 또는 구술로 자기에게 이익이 되는 사실을 진술하거나 증거를 제출할 수 있다. O/X

046. 징계등 의결 요구를 받은 징계위원회는 그 요구서를 받은 날부터 60일 이내에 징계등에 관한 의결을 하여야 한다. 다만, 부득이한 사유가 있을 때에는 해당 징계위원회의 의결로 30일 이내의 범위에서 그 기간을 연장할 수 있다. O/X

047. 징계위원회의 의결은 위원장을 포함한 위원 과반수(과반수가 3인 미만인 때에는 3인 이상)의 출석과 출석위원 과반수의 찬성으로 의결한다. O/X

048. 징계위원들의 의견이 나뉘어 출석위원 과반수의 찬성을 얻지 못한 경우에는 출석위원 과반수가 될 때까지 징계등 심의 대상자에게 가장 불리한 의견을 제시한 위원의 수를 그 다음으로 불리한 의견을 제시한 위원의 수에 차례로 더하여 그 의견을 합의된 의견으로 본다. O/X

049. 소방공무원의 징계는 관할 징계위원회의 의결을 거쳐 그 징계위원회가 설치된 기관의 장이 하되, 중앙징계위원회에서 의결한 징계는 소방청장이 한다. O/X

050. 소방공무원의 징계집행에서 파면과 해임은 관할 징계위원회의 의결을 거쳐 그 소방공무원의 임용권자(임용권을 위임받은 사람을 포함한다)가 한다. O/X

051. 시·도지사가 임용권을 행사하는 소방공무원의 징계는 관할 징계위원회의 의결을 거쳐 임용권자가 한다. 다만, 소방서에 설치된 징계위원회에서 의결한 정직·감봉 및 견책은 소방서장이 한다. O/X

052. 징계등의 집행권자는 징계등 의결의 통지 받은 날부터 15일 이내에 징계등 처분 사유 설명서에 징계의결서 사본을 첨부하여 징계등 의결된 자에게 교부함으로써 징계등 처분을 집행한다. O/X

053. 소방청과 그 소속기관의 소방정 이상 소방공무원, 소방본부장 및 지방소방학교장에 대한 파면, 해임 또는 강등의 경우에는 임용제청권자가 징계등 처분사유설명서를 징계등 의결된 자에게 교부함으로써 징계등 처분을 집행한다. O/X

054. 징계의결을 요구한 기관의 장은 관할 징계위원회의 의결이 경(輕)하다고 인정할 때에는 그 처분을 하기 전에 징계등 의결을 통지받은 날부터 30일 이내에 직근상급기관에 설치된 징계위원회에 심사 또는 재심사를 청구할 수 있다. O/X

055. 징계, 강임·휴직·직위해제 또는 면직처분에 불복하는 경우 처분사유설명서를 받은 소방공무원이 그 처분(징계, 강임·휴직·직위해제 또는 면직처분)에 불복하는 경우 설명서를 받은 날부터 30일 이내에 소청심사위원회에 불복심사를 청구할 수 있다. O/X

정답: 43.X 44.O 45.O 46.X 47.O 48.O 49.O 50.X 51.O 52.O 53.X 54.X 55.O

056. 징계, 강임·휴직·직위해제 또는 면직처분 외의 처분에 불복하는 경우 그 처분이 있음을 알게 된 날부터 15일 이내에 불복심사를 청구할 수 있다. O/X

057. 징계처분 받은 자가 징계처분에 불복하는 경우 소방공무원은 「국가공무원법」에 의하여 설치된 소청심사위원회에 해당 처분에 대한 불복심사를 청구할 수 있다. O/X

058. 감사원으로부터 심의 또는 재심의 요구를 받은 징계위원회는 그 요구를 받은 날로부터 15일 이내 심의 또는 재심의의 의결을 하고 그 결과를 지체 없이 해당 징계위원회의 위원장이 감사원에 통보하여야 한다. O/X

정답 56. X   57. O   58. X

소방기본법

CHAPTER 01. 소방기본법의 총칙

001. 화재를 예방하고, 그 위험을 통제하기 위한 관심은 오래전부터 있었으나 소방의 개념형태로 처음 형성된 것은 조선시대 초기의 금화이다. O/X

002. 소방기본법은 화재의 예방·경계·진압 및 구조·구급 활동을 통하여 국민의 생명·신체 및 재산을 보호함으로써 공공의 안녕질서와 복리증진에 이바지함을 목적으로 한다. O/X

003. 소방대상물이란 건축물, 차량, 선박(선박법의 규정에 따른 선박으로서 항구에 매어둔 선박만 해당한다), 선박건조구조물, 산림 그 밖의 인공구조물 또는 물건을 말한다. O/X

004. 소방대상물에 해당하는 인공구조물이란 인위에 의하여 토지에 고정된 설비의 전체를 말하며 고가수조, 지하대피소 등의 공작물은 포함되지 아니한다. O/X

005. 관계지역이란 소방대상물이 있는 장소 및 그 이웃 지역으로서 화재의 예방·경계·진압, 구조·구급 등의 활동에 필요한 지역을 말한다. O/X

006. 관계인이란 소방대상물의 소유자·관리자 등을 말하며, 임차인 등 물건을 사실상 지배하고 있는 점유자는 관계인이 아니다. O/X

007. 소방본부장이란 특별시·광역시·특별자치시·도 또는 특별자치도에서 화재의 예방·경계·진압·조사 및 구조·구급 등의 업무를 담당하는 부서의 장을 말한다. O/X

008. 소방대란 화재를 진압하고 화재, 재난·재해, 그 밖의 위급한 상황에서 구조·구급활동 등을 하기 위하여 소방공무원, 의무소방원, 자위소방대원으로 구성된 조직체를 말한다. O/X

009. 소방기본법에서 규정하고 있는 용어의 정의는 소방기본법령뿐 아니라 소방관련 법률 전반에 대하여 적용되고 있다. O/X

010. 소방대장(消防隊長)이란 소방청장, 소방본부장 또는 소방서장 등 화재, 재난·재해, 그 밖의 위급한 상황이 발생한 현장에서 소방대를 지휘하는 사람을 말한다. O/X

011. 시·도의 화재 예방·경계·진압 및 조사, 소방안전교육·홍보와 화재, 재난·재해 그 밖의 위급한 상황에서의 구조·구급 등의 업무를 수행하는 소방기관의 설치에 관하여 필요한 사항은 시·도의 조례로 정한다. O/X

012. 소방업무를 수행하는 소방본부장 또는 소방서장은 그 소재지를 관할하는 특별시장·광역시장·특별자치시장·도지사 또는 특별자치도지사의 지휘와 감독을 받는다. O/X

013. 특별시·광역시 또는 도는 그 관할구역 소방공무원의 교육·훈련을 위하여 해당 특별시·광역시 또는 도의 조례로 지방소방학교를 설치할 수 있다. O/X

014. 서울시와 부산시 그리고 경기도의 소방학교장의 직급은 소방준감이며, 기타 지역은 소방정이다. O/X

015. 지방소방학교의 교장은 시·도지사 또는 소방본부장의 명을 받아 소관사무를 총괄하고, 소속 공무원을 지휘·감독한다. O/X

정답 01.O 02.O 03.O 04.X 05.O 06.X 07.O 08.X 09.O 10.X 11.O 12.O 13.O 14.X 15.X

016. 소방서장의 직급은 소방정이나 인구 100만 명 이상의 시에 설치된 소방서의 장의 직급은 소방준감으로 할 수 있다. 다만, 해당 시에 2개 이상의 소방서가 설치된 경우에는 그 중 1개의 소방서에 한정하여 그 장의 직급을 소방준감으로 할 수 있다. O/X

017. 소방서는 시(제주특별자치도의 행정시 포함)·군·구(자치구) 단위로 설치하며, 인근 시·군·구를 포함한 지역을 단위로 설치할 수 없다. O/X

018. 석유화학단지·공업단지·주택단지 또는 문화관광단지의 개발 등으로 대형 화재의 위험이 있거나 소방 수요가 급증하여 특별한 소방대책이 필요한 경우에는 해당 지역마다 소방서를 설치할 수 있다. O/X

019. 항만법 제2조 제1호에 따른 항만을 관할하는 소방서에 소방정대를 설치할 수 있다. O/X

020. 광역시와 인구 50만 이상의 시는 인구 3만 명 이상 또는 면적 2㎢ 이상을 기준으로 119안전센터를 설치할 수 있다. O/X

021. 소방본부장 또는 소방서장은 해당 소방서의 인력 및 장비 등을 고려하여 119지역대를 설치·운영할 수 있다. O/X

022. 119종합상황실은 소방청과 특별시·광역시 또는 도의 소방본부 및 소방서에 설치·운영하여야 하며, 119종합상황실의 설치·운영에 관하여 필요한 사항은 대통령령으로 정한다. O/X

023. 사망자가 5인 이상 발생하거나 사상자가 10인 이상 발생한 화재, 그리고 재산피해액이 50억원 이상의 화재가 발생한 경우 소방서의 119종합상황실장은 서면·팩스 또는 컴퓨터 통신 등으로 소방본부의 119종합상황실에 보고해야 한다. O/X

024. 119종합상황실의 실장은 119종합상황실에 근무하는 자 중 최고직위에 있는 자, 최고직위에 있는 자가 2인 이상인 경우에는 선임자를 말한다. O/X

025. 소방서 119종합상황실의 실장은 재난발생의 신고접수를 하며, 동급 이상의 소방 및 유관기관에 대한 출동지령을 할 수 있다. O/X

026. 119종합상황실에 전산·통신요원을 배치하고, 소방청장이 정하는 유·무선통신시설을 갖추어야 하며, 24시간 운영체제를 유지하여야 한다. O/X

027. 소방의 역사와 안전문화를 발전시키고 국민의 안전의식을 높이기 위하여 소방청장은 소방박물관을 시·도지사는 소방체험관을 설립하여 운영할 수 있다. O/X

028. 소방박물관의 설립과 운영에 필요한 사항은 대통령령으로 정하고, 소방체험관의 설립과 운영에 필요한 사항은 행정안전부령으로 정하는 기준에 따라 시·도의 조례로 정한다. O/X

029. 소방청장은 소방박물관을 설립·운영하는 경우에는 소방박물관에 소방박물관장 1인과 부관장 2인을 두되, 소방박물관장은 소방공무원 중에서 소방청장이 임명한다. O/X

030. 소방박물관은 국내·외의 소방의 역사, 소방공무원의 복장 및 소방장비 등의 변천 및 발전에 관한 자료를 수집·보관 및 전시한다. O/X

031. 소방박물관에는 그 운영에 관한 중요한 사항을 심의하기 위하여 7인 이내의 위원으로 구성된 운영위원회를 둔다. O/X

정답 16.O 17.X 18.O 19.O 20.X 21.X 22.X 23.O 24.O 25.X 26.O 27.O 28.X 29.X 30.O 31.O

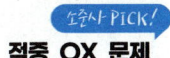

032. 설립된 소방박물관의 관광업무·조직·운영위원회의 구성 등에 관하여 필요한 사항은 국무총리가 정한다. O/X

033. 시·도지사는 관할 지역의 특성을 고려하여 종합계획의 시행에 필요한 세부계획을 매년 수립하고 이에 따른 소방업무를 성실히 수행하여야 한다. O/X

034. 소방청장은 화재, 재난·재해, 그 밖의 위급한 상황으로부터 국민의 생명·신체 및 재산을 보호하기 위하여 소방업무에 관한 종합계획을 5년마다 수립·시행하여야 한다. O/X

035. 국민의 안전의식과 화재에 대한 경각심을 높이고 안전문화를 정착시키기 위하여 매년 11월 9일을 소방의 날로 정하여 기념행사를 한다. O/X

036. 소방의 날 행사에 관하여 필요한 사항은 소방청장 또는 시·도지사가 따로 정하여 시행할 수 없다. O/X

037. 소방청장은 의사상자 또는 소방행정 발전에 공로가 있다고 인정되는 사람을 명예직 소방대원으로 위촉할 수 있다. O/X

정답 ○ 32. X 33. O 34. O 35. O 36. X 37. O

소방기본법

CHAPTER 02. 소방장비 및 소방용수시설

001. 소방기관이 소방업무를 수행하는 데에 필요한 인력과 장비 등에 관한 기준은 행정안전부령인 소방력기준에 관한 규칙으로 정한다. O/X

002. 시·도의 소방본부장은 소방력의 기준에 따라 관할구역의 소방력을 확충하기 위하여 필요한 계획을 수립하여시행하여야 한다. O/X

003. 5층 이상인 아파트가 50동 이상 있거나 백화점, 복합영상관 등 대형화재의 우려가 있는 5층 이상 건물이 있는 경우 소방서에는 고가사다리차를 1대 이상 배치한다. O/X

004. 119안전센터에는 펌프차 2대를 기본으로 배치하고, 관할인구 10만 명과 소방대상물 1천 개소를 기준으로 하여 관할인구 5만 명 또는 소방대상물 500개소 증가시마다 1대를 추가로 배치할 수 있다. O/X

005. 소방본부장 또는 소방서장은 배치기준에 따라 소방기관에 소방자동차 등을 배치하여야 하며 시·도지사의 승인을 받아 소방기관별로 소방자동차를 달리 배치할 수 있다. O/X

006. 관할인구가 50만 명 이상인 소방서의 근무요원은 총 81명이다. O/X

007. 119안전센터와 119지역대에는 배치할 인력이 부족한 경우에는 의용소방대, 퇴직 소방공무원, 소방 관련 학과 학생 등 민간 소방인력을 배치할 수 있다. O/X

008. 소방자동차 등 소방장비의 분류·표준화와 그 관리 등에 필요한 사항은 대통령령으로 정한다. O/X

009. 국가는 소방장비의 구입 등 시·도의 소방업무에 필요한 경비의 일부를 보조하며, 국고보조 대상사업의 범위와 기준보조율은 대통령령으로 정한다. O/X

010. 국고보조 대상사업의 범위와 기준보조율은 대통령령으로 정한다. O/X

011. 소방자동차, 소방헬리콥터 및 소방정, 소방전용통신설비 및 전산설비, 방화복 등 소방활동에 필요한 소방장비, 소방관서용 청사의 건축 등은 국고보조 대상사업의 범위에 속한다. O/X

012. 국고보조의 대상이 되는 소방활동장비 및 설비의 종류와 기준가격은 행정안전부령인 소방기본법 시행규칙으로 정한다. O/X

013. 국고보조 대상사업의 범위에 따른 국고보조 대상사업의 기준보조율은 「보조금 관리에 관한 법률 시행령」에서 정하는 바에 따른다. O/X

014. 보조금 관리에 관한 법률 시행령에서 119구조장비 확충사업 및 소방관서용 청사의 건축에 대한 기준보조율은 50%로 정하고 있다. O/X

015. 국고보조산정을 위한 기준가격으로 국내조달품은 정부고시가격으로 하며, 수입물품은 조달청에서 조사한 해외시장의 시가로 한다. O/X

016. 국고보조산정을 위한 기준가격에서 정부고시가격 또는 조달청에서 조사한 해외시장의 시가가 없는 물품은 2 이상의 공신력 있는 물가조사기관에서 조사한 가격의 평균가격으로 한다. O/X

정답 ▶ 01.O 02.X 03.X 04.O 05.X 06.O 07.O 08.X 09.O 10.O 11.O 12.O 13.O 14.X 15.O 16.O

017. 국고보조의 대상이 되는 소방활동장비의 종류와 규격에서 펌프차 대형은 250마력 이상, 중형은 170마력 이상 250마력 미만, 소형은 120마력 이상 170마력 미만이다. O/X

018. 국고보조의 대상이 되는 소방전용통신설비 및 전산설비에서 무정전 전원장치의 규격은 5킬로볼트암페어 이상이다. O/X

019. 시·도지사는 소방활동에 필요한 소화전·급수탑·저수조 등의 소방용수시설을 설치하고 유지·관리하여야 한다. O/X

020. 소방용수시설과 비상소화장치의 설치기준은 행정안전부령으로 정한다. O/X

021. 「수도법」제45조에 따라 소화전을 설치하는 일반수도사업자는 관할 소방본부장과 사전협의를 거친 후 소화전을 설치하여야 하며, 설치 사실을 관할 소방본부장에게 통지하고, 그 소화전을 유지·관리하여야 한다. O/X

022. 소방본부장 또는 소방서장은 원활한 소방활동을 위하여 소방용수시설 및 지리조사를 연 1회 이상 실시하여야 한다. O/X

023. 지리조사의 대상은 소방대상물에 인접한 도로의 폭·교통상황, 도로주변의 토지의 고저·건축물의 개황 그 밖의 소방활동에 필요한 지리이며, 조사결과를 1년간 보관하여야 한다. O/X

024. 지하에 설치하는 소화전의 경우 소방용수표지는 지름 648밀리미터 이상의 맨홀뚜껑에는 "소화전·주정차금지" 또는 "저수조·주정차금지" 표시를 하며 맨홀뚜껑 부근에는 노란색 반사도료로 폭 15센티미터의 선을 그 둘레를 따라 칠하여야 한다. O/X

025. 급수탑 및 지상에 설치하는 소화전·저수조의 경우 소방용수표지는 문자는 흰색, 내측바탕은 청색, 외측바탕은 적색으로 한다. O/X

026. 저수조는 지면으로부터 낙차가 4.5미터 이하이어야 하며, 흡수부분의 수심이 0.5미터 이상으로 설치하여야 한다. O/X

027. 저수조의 설치기준에서 흡수관의 투입구가 사각형의 경우에는 한 변의 길이가 60센티미터 이상, 원형의 경우에는 지름이 60센티미터 이상이어야 한다. O/X

028. 시·도지사는 소방활동을 할 때에 긴급한 경우에는 이웃한 시·도지사에게 소방업무의 응원(應援)을 요청할 수 있으며, 소방업무의 응원 요청을 받은 시·도지사는 정당한 사유 없이 그 요청을 거절하여서는 아니 된다. O/X

029. 소방업무의 응원을 위하여 파견된 소방대원은 응원을 요청한 소방본부장 또는 소방서장의 지휘에 따라야 한다. O/X

030. 시·도지사는 소방업무의 응원을 요청하는 경우를 대비하여 출동 대상지역 및 규모와 필요한 경비의 부담 등에 관하여 필요한 사항을 행정안전부령으로 정하는 바에 따라 이웃하는 시·도지사와 협의하여 미리 규약(規約)으로 정하여야 한다. O/X

031. 시·도지사는 이웃하는 다른 시·도지사와 소방업무에 관하여 상호응원협정을 체결하고자 하는 때에는 파견된 소방공무원의 지휘권에 관한 사항이 포함되도록 하여야 한다. O/X

032. 상호응원협정을 체결할 때에는 출동대원의 수당·식사 및 의복의 수선, 소방장비 및 기구의 정비와 연료의 보급, 그 밖의 경비 등 소요경비부담에 관한 사항이 포함되어야 한다. O/X

정답 17.X 18.O 19.O 20.O 21.X 22.X 23.X 24.O 25.X 26.O 27.O 28.X 29.O 30.O 31.X 32.O

033. 소방청장은 해당 시·도의 소방력만으로는 소방활동을 효율적으로 수행하기 어려운 화재, 재난·재해, 그 밖의 구조·구급이 필요한 상황이 발생하는 경우 각 시·도지사에게 행정안전부령으로 정하는 바에 따라 소방력을 동원할 것을 요청할 수 있다. O/X

034. 소방청장은 시·도지사에게 동원된 소방력을 화재, 재난·재해 등이 발생한 지역에 지원·파견하여 줄 것을 요청하거나 필요한 경우 직접 소방대를 편성하여 화재진압 및 인명구조 등 소방에 필요한 활동을 하게 할 수 있다. O/X

035. 동원된 소방대원은 특별한 사정이 없으면 화재, 재난·재해 등이 발생한 지역을 관할하는 소방본부장 또는 소방서장의 지휘에 따라야 하지만 소방청장이 직접 소방대를 편성하여 소방활동을 하게 하는 경우에는 소방청장의 지휘에 따라야 한다. O/X

036. 소방활동을 수행하는 과정에서 발생하는 경비 부담에 관한 사항, 소방활동을 수행한 민간소방인력이 사망하거나 부상을 입었을 경우의 보상에 관한 사항, 동원된 소방력의 운용과 관련하여 필요한 사항은 행정안전부령으로 정한다. O/X

정답 33. O 34. O 35. O 36. X

소방기본법

CHAPTER 03. 소방활동 및 소방교육

001. 소방서장은 화재, 재난·재해, 그 밖의 위급한 상황이 발생하였을 때에는 소방대를 현장에 신속하게 출동시켜 화재 진압과 인명구조 · 구급 등 소방에 필요한 활동을 하게 하여야 한다. O/X

002. 관계인은 소방대상물에 화재, 재난·재해, 그 밖의 위급한 상황이 발생한 경우에는 소방대가 현장에 도착할 때까지 경보를 울리거나 대피를 유도하는 등의 방법으로 사람을 구출하는 조치를 하여야 하며 불을 끄거나 불이 번지지 아니하도록 필요한 조치를 할 의무는 없다. O/X

003. 소방청장·소방본부장 또는 소방서장은 소방활동 외에 산불의 예방·진압 등 지원활동, 집회·공연 등 각종 행사 시 사고에 대비한 근접대기 등 지원활동을 하게 할 수 있다. O/X

004. 소방지원활동은 소방활동 수행에 지장을 주지 아니하는 범위에서 할 수 있으며, 유관기관·단체 등의 요청에 따른 지원활동에 드는 비용은 지원요청을 한 단체 등에게 부담하게 할 수 없다. O/X

005. 화재 현장 또는 구조·구급이 필요한 사고 현장을 발견한 사람은 그 현장의 상황을 소방본부, 소방서 또는 관계 행정기관에 지체 없이 알려야 한다. O/X

006. 공장·창고가 밀집한 지역에서 화재로 오인할 만한 우려가 있는 불을 피우거나 연막(煙幕) 소독을 하려는 자는 관할 소방본부장 또는 소방서장에게 신고할 필요가 없다. O/X

007. 소방시설·소방용수시설 또는 소방출동로가 없는 지역에서 화재로 오인할 만한 우려가 있는 불을 피우거나 연막(煙幕) 소독을 하려는 자는 시·도의 조례로 정하는 바에 따라 관할 소방본부장 또는 소방서장에게 신고하여야 한다. O/X

008. 소방청장, 소방본부장 또는 소방서장은 소방업무를 전문적이고 효과적으로 수행하기 위하여 소방대원에게 필요한 교육·훈련을 연 2회 이상 실시하되, 교육·훈련기간은 2주 이상으로 한다. O/X

009. 소방대원에 대한 교육·훈련의 종류 및 대상자, 그 밖에 교육·훈련의 실시에 필요한 사항은 행정안전부령으로 정한다. O/X

010. 소방대원에 대한 소방교육훈련에는 화재진압훈련, 인명구조훈련, 응급처치훈련, 인명대피훈련, 소방안전교훈련이 있다. O/X

011. 인명구조훈련은 구조업무를 담당하는 소방공무원과 임무를 수행하는 의무소방원 및 의용소방대원을 대상으로 하며, 응급처치훈련은 구급업무를 담당하는 소방공무원만 대상으로 한다. O/X

012. 현장지휘훈련은 소방위·소방경·소방령 및 소방정 계급의 소방공무원을 대상으로 한다. O/X

013. 소방본부장 또는 소방서장은 시·도지사가 수립한 소방안전교육훈련 운영계획에 따라 영유아, 유아 및 학생을 대상으로 소방안전교육과 훈련을 실시할 수 있다. O/X

014. 소방청장, 소방본부장 또는 소방서장은 국민의 안전의식을 높이기 위하여 화재 발생시 피난 및 행동 방법 등을 홍보하여야 한다. O/X

정답 01.O 02.X 03.O 04.X 05.O 06.X 07.X 08.X 09.O 10.X 11.X 12.O 13.X 14.O

015. 소방청장은 소방안전교육을 위하여 시험을 실시할 수 있으며, 시험에 합격한 사람에게 소방안전교육사 자격을 부여한다. O/X

016. 소방안전교육사 시험의 응시자격, 시험방법, 시험과목, 시험위원, 그 밖에 소방안전교육사시험의 실시에 필요한 사항은 행정안전부령으로 정한다. O/X

017. 소방안전교육사는 소방안전교육의 기획·진행·분석·평가 및 교수업무를 수행한다. O/X

018. 소방공무원으로서 중앙·지방소방학교에서 소방안전교육사 관련 전문교육과정을 2주 이상 이수한 자 및 「초·중등교육법」에 따라 교원의 자격을 취득한 사람은 소방안전교육사 시험에 응시할 수 있다. O/X

019. 고등교육법의 규정의 어느 하나에 해당하는 학교에서 소방안전교육 관련 교과목을 5학점 이상 이수한 사람은 소방안전교육사 시험에 응시할 수 있다. O/X

020. 소방위 이상의 소방공무원과 소방안전교육사 자격을 취득한 자를 소방안전교육사시험 응시자격심사위원 및 시험위원으로 임명 또는 위촉할 수 있다. O/X

021. 방안전교육사 시험의 제1차 시험은 소방학개론과 구급·응급처치론, 재난관리론 및 심리학 개론이며, 제2차 시험은 국민안전교육 실무이다. O/X

022. 소방안전교육사의 응시자격 심사위원은 3명, 시험위원 중 출제위원은 시험과목별 3명으로 한다. O/X

023. 소방안전교육사시험은 매년마다 1회 시행함을 원칙으로 하되, 소방청장이 필요하다고 인정하는 때에는 그 횟수를 증감할 수 있다. O/X

024. 소방청장은 소방안전교육사 시험에서 부정행위를 한 사람에 대하여는 해당 시험을 정지시키거나 무효로 처리하고, 그 처분이 있는 날부터 5년간 소방안전교육사 시험에 응시하지 못한다. O/X

025. 수수료는 수입인지 또는 정보통신망을 이용한 전자화폐·전자결제 등의 방법으로 납부하여야 하며, 시험시행일 10일 전까지 접수를 철회한 경우에는 납입한 수수료의 100분의 50을 반환하여야 한다. O/X

026. 금고 이상의 실형을 선고받고 그 집행이 끝나거나(집행이 끝난 것으로 보는 경우를 포함한다) 집행이 면제된 날부터 2년이 지난 사람은 소방안전교육사가 될 수 있다. O/X

027. 소방안전교육사를 배치하는 경우 소방청, 소방본부에는 2인 이상, 소방서, 한국소방산업기술원에는 1인 이상 배치할 수 있다. O/X

028. 소방활동 또는 소방훈련을 위하여 사용되는 소방신호의 종류와 방법은 행정안전부령으로 정한다. O/X

029. 경계신호는 화재예방상 필요하다고 인정되거나 소방대의 비상소집 시 발령하며, 훈련신호는 훈련상 필요하다고 인정되는 때 발령한다. O/X

030. 발화신호를 하는 경우 그 방법은 타종신호로는 난타로 표시하며, 사이렌신호로는 5초 간격을 두고 5초씩 3회 표시한다. O/X

정답 ○ 15.O 16.X 17.O 18.O 19.X 20.O 21.X 22.O 23.X 24.X 25.O 26.X 27.X 28.O 29.X 30.O

031. 소방신호의 방법은 그 전부 또는 일부를 함께 사용할 수 없으며, 게시판을 철거하거나 통풍대 또는 기를 내리는 것으로 소방활동이 해제되었음을 알린다. O/X

032. 모든 차와 사람은 소방자동차(지휘를 위한 자동차와 구조·구급차 포함)가 화재진압 및 구조·구급 활동을 위하여 출동을 할 때에는 이를 방해하여서는 아니 된다. O/X

033. 소방기본법에서 규정된 것을 제외하고 소방자동차의 우선 통행에 관하여는 「도로교통법」에서 정하는 바에 따른다. O/X

034. 소방자동차가 화재진압 및 구조·구급 활동을 위하여 출동하거나 훈련을 위하여 필요할 때에는 사이렌을 사용할 수 있다. O/X

035. 소방대는 화재, 재난·재해, 그 밖의 위급한 상황이 발생한 현장에 신속하게 출동하기 위하여 긴급할 때에는 일반적인 통행에 쓰이지 아니하는 도로 빈터 또는 물 위로 통행할 수 있다. O/X

036. 소방본부장은 화재, 재난·재해, 그 밖의 위급한 상황이 발생한 현장에 소방활동구역을 정하여 소방활동에 필요한 사람으로서 대통령령으로 정하는 사람 외에는 그 구역에 출입하는 것을 제한할 수 있다. O/X

037. 소방대장은 소방활동구역의 설정과 소방활동종사명령 뿐만 아니라 소방대상물 등에 대한 강제처분이나 위험시설에 대한 긴급조치 등을 할 수 있다. O/X

038. 소방활동구역 안에 있는 소방대상물의 소유자·관리자 또는 점유자와 전기·가스·수도·통신·교통의 업무에 종사하는 사람으로서 원활한 소방활동을 위하여 필요한 사람은 소방활동구역에 출입할 수 있다. O/X

039. 경찰공무원은 소방대가 소방활동구역에 있지 아니하거나 소방대장의 요청이 있는 때에는 출입의 제한 조치를 할 수 있다. O/X

040. 소방본부장, 소방서장 또는 소방대장은 화재, 재난·재해, 그 밖의 위급한 상황이 발생한 현장에서 소방활동을 위하여 필요할 때에는 그 관할구역에 사는 사람 또는 그 현장에 있는 사람으로 하여금 사람을 구출하는 일 또는 불을 끄거나 불이 번지지 아니하도록 하는 일을 하게 할 수 있다. O/X

041. 소방본부장 또는 소방서장은 소방활동 종사명령에 따라 소방활동에 종사한 사람이 그로 인하여 사망하거나 부상을 입은 경우 소방본부장 등이 그 손실을 보상하여야 한다. O/X

042. 소방활동종사명령에 따라 소방활동을 한 소방대상물의 관계인은 시·도지사로부터 소방활동의 비용을 지급받을 수 없다. O/X

043. 소방본부장, 소방서장 또는 소방대장은 사람을 구출하거나 불이 번지는 것을 막기 위하여 필요할 때에는 화재가 발생하거나 불이 번질 우려가 있는 소방대상물 및 토지 외의 소방대상물과 토지에 대하여 일시적으로 사용하거나 소방활동에 필요한 처분을 할 수 있다. O/X

044. 소방청장 또는 소방본부장은 화재, 재난·재해, 그 밖의 위급한 상황이 발생하여 사람의 생명을 위험하게 할 것으로 인정할 때에는 일정한 구역을 지정하여 그 구역에 있는 사람에게 그 구역 밖으로 피난할 것을 명할 수 있다. O/X

정답 31.X 32.O 33.O 34.O 35.O 36.X 37.O 38.O 39.O 40.O 41.X 42.O 43.X 44.X

045. 소방본부장, 소방서장 또는 소방대장은 소방활동을 위하여 필요할 때에는 소방용수 외에 댐·저수지 또는 수영장 등의 물을 사용할 수 있으며, 화재가 확대되는 것을 막기 위하여 위험물질의 공급을 차단하는 등 필요한 조치를 할 수 있다. O/X

046. 소방청장·소방본부장 또는 소방서장은 신고가 접수된 생활안전 및 위험제거활동(화재, 재난·재해, 그 밖의 위급한 상황에 해당하는 것은 포함한다)에 대응하기 위하여 소방대를 출동시켜 생활안전활동을 하게 하여야 한다. O/X

047. 시·도지사는 붕괴, 낙하 등이 우려되는 고드름, 나무, 위험 구조물 등의 제거활동이나 위해동물, 벌 등의 포획 및 퇴치 등의 생활안전활동 조치로 인하여 손실을 입은 자가 있으면 그 손실을 보상하여야 한다. O/X

048. 소방공무원이 제16조제1항에 따른 소방활동으로 인하여 타인을 사상에 이르게 한 경우 그 소방활동이 불가피하고 소방공무원에게 고의 또는 과실이 없는 때에는 그 정상을 참작하여 사상에 대한 형사책임을 감경하거나 면제할 수 있다. O/X

049. 소방청장, 소방본부장 또는 소방서장은 소방공무원이 제16조제1항에 따른 소방활동, 제16조의2제1항에 따른 소방지원활동, 제16조의3제1항에 따른 생활안전활동으로 인하여 민·형사상 책임과 관련된 소송을 수행할 경우 변호인 선임 등 소송수행에 필요한 지원을 할 수 있다. O/X

050. 소방청장, 소방본부장 또는 소방서장은 소방안전교육훈련을 실시하려는 경우 매년 12월 31일까지 다음 해의 소방안전교육훈련 운영계획을 수립하여야 한다. O/X

정답 ○ 45. O 46. X 47. O 48. X 49. O 50. O

소방기본법

CHAPTER 04. 의용소방대 및 소방산업의 육성

001. 특별시장·광역시장·특별자치시장·도지사·특별자치도지사 또는 소방서장은 재난현장에서 소방업무를 보조하기 위하여 의용소방대를 설치할 수 있다. O/X

002. 의용소방대는 특별시·광역시·특별자치시·도·특별자치도, 시·읍 또는 면에 둔다. 시·도지사 또는 소방서장은 필요한 경우 관할 구역을 따로 정하여 그 지역에 의용소방대를 설치할 수 있다. O/X

003. 소방본부장 또는 소방서장은 그 지역에 거주 또는 상주하는 주민 가운데 희망하는 사람으로서 일정한 요건에 해당하는 사람을 의용소방대원으로 임명한다. O/X

004. 의용소방대원의 정년은 65세로 한다. O/X

005. 의용소방대는 화재의 경계와 진압업무의 보조, 구조·구급 업무의 보조, 화재 등 재난 발생 시 대피 및 구호업무의 보조 등의 임무를 수행한다. O/X

006. 전국 연합회의 구성 및 조직 등에 관하여 필요한 사항은 행정안전부령으로 정하며, 소방청장은 국민의 소방방재 봉사활동의 참여 증진을 위하여 연합회의 설립 및 운영을 지원할 수 있다. O/X

007. 의용소방대원은 상근 또는 비상근으로 근무한다. O/X

008. 의용소방대원은 소방본부장 또는 소방서장의 소집명령에 따라 화재, 구조·구급 등 재난현장에 출동하여 소방본부장 또는 소방서장의 지휘와 감독을 받아 소방업무를 보조한다. O/X

009. 소방대원에 대한 교육·훈련의 종류 및 대상자, 그 밖에 교육·훈련의 실시에 필요한 사항은 행정안전부령으로 정한다. O/X

010. 의용소방대의 운영과 활동 등에 필요한 경비는 해당 시·도지사가 부담하며, 국가는 경비의 일부를 예산의 범위에서 지원할 수 있다. O/X

011. 시·도지사는 의용소방대원이 임무를 수행하는 때에는 예산의 범위에서 수당을 지급할 수 있으며, 수당의 지급방법 등에 필요한 사항은 행정안전부령으로 정하는 기준에 따라 시·도의 규칙으로 정한다. O/X

012. 국가는 소방산업의 육성·진흥을 위하여 필요한 계획의 수립 등 행정상·재정상의 지원시책을 마련하여야 한다. O/X

013. 국가는 소방산업과 관련된 소방기술의 개발을 촉진하기 위하여 기술개발을 실시하는 자에게 그 기술개발에 드는 자금의 전부나 일부를 출연하거나 보조하여야 한다. O/X

014. 국가는 우수소방제품의 전시·홍보를 위하여 「대외무역법」에 따른 무역전시장 등을 설치한 자에게 소방산업전시회 운영에 따른 경비의 전부나 일부에 대한 재정적인 지원을 할 수 있다. O/X

015. 국가는 국민의 생명과 재산을 보호하기 위해 국공립연구기관이나 「고등교육법」에 따른 대학·산업대학·전문대학 및 기술대학, 한국소방산업기술원으로 하여금 소방기술의 연구·개발사업을 수행하게 할 수 있다. O/X

정답 01.O 02.O 03.X 04.O 05.O 06.O 07.X 08.O 09.O 10.O 11.X 12.O 13.X 14.X 15.O

016. 가가 연구·개발사업의 기관이나 단체로 하여금 소방기술의 연구·개발사업을 수행하게 하는 경우에는 필요한 경비를 지원하여야 한다. O/X

017. 국가는 소방기술 및 소방산업의 국제경쟁력과 국제적 통용성을 높이는 데 필요한 기반 조성을 촉진하기 위한 시책을 마련하여야 한다. O/X

018. 국가는 소방기술 및 소방산업의 국제경쟁력과 국제적 통용성을 높이기 위하여 소방기술 및 소방산업의 국제협력을 위한 조사·연구, 소방기술 및 소방산업에 관한 국제 전시회의 개최 등 국제 교류, 소방기술 및 소방산업의 국외시장 개척 등의 사업을 추진하여야 한다. O/X

019. 소방기술과 안전관리기술의 향상 및 홍보, 그 밖의 교육·훈련 등 행정기관이 위탁하는 업무의 수행과 소방관계 종사자의 기술 향상을 위하여 한국소방기술원을 설립한다. O/X

020. 한국소방안전원은 법인으로 하며, 안전원에 관하여는 소방기본법에 규정된 것을 제외하고는 「민법」 중 재단법인에 관한 규정을 준용한다. O/X

021. 한국소방안전원은 소방기술 및 소방산업의 국제경쟁력과 국제적 통용성을 높이기 위하여 필요한 사업을 추진해야 한다. O/X

022. 한국소방안전원은 소방기술과 안전관리에 관한 교육 및 조사·연구, 소방기술과 안전관리에 관한 각종 간행물 발간, 안전관리의식의 고취를 위한 대국민 홍보 등의 업무를 수행한다. O/X

023. 소방안전교육사시험은 매년마다 1회 시행함을 원칙으로 하되, 소방청장이 필요하다고 인정하는 때에는 그 횟수를 증감할 수 있다. O/X

024. 국가는 소방산업과 관련된 소방기술의 개발을 촉진하기 위하여 기술개발을 실시하는 자에게 그 기술개발에 드는 자금의 전부나 일부를 출연하거나 보조하여야 한다. O/X

025. 국가는 우수소방제품의 전시·홍보를 위하여 「대외무역법」에 따른 무역전시장 등을 설치한 자에게 소방산업전시회 운영에 따른 경비의 전부나 일부에 대한 재정적인 지원을 할 수 있다. O/X

026. 국가는 국민의 생명과 재산을 보호하기 위해 국공립연구기관이나 「고등교육법」에 따른 대학·산업대학·전문대학 및 기술대학, 한국소방산업기술원으로 하여 소방기술의 연구·개발사업을 수행하게 할 수 있다. O/X

정답 ─ 16.O 17.O 18.X 19.X 20.O 21.X 22.O 23.O 24.O 25.X 26.O

소방기본법

CHAPTER 05. 보칙 및 벌칙

001. 소방청장과 시·도지사는 한국소방안전원의 업무를 감독한다. `O/X`

002. 소방청장은 안전원의 총회의 모든 의결과 이사회의 주요 의결 사항에 대한 업무를 감독하여야 한다. `O/X`

003. 소방청장은 회원의 가입·탈퇴 및 회비에 관한 사항, 사업계획 및 예산에 관한 사항, 기구 및 조직에 관한 사항 등을 감독하여야 한다. `O/X`

004. 안전원의 업무에서 기구 및 조직에 관한 사항과 그 밖에 소방청장이 위탁한 업무의 수행 또는 정관에서 정하고 있는 업무의 수행에 관한 사항은 소방본부장의 감독대상이다. `O/X`

005. 한국소방안전원의 사업계획 및 예산과 기구 및 조직에 관하여는 소방청장의 승인을 얻어야 한다. `O/X`

006. 소방청장은 안전원의 업무감독을 위하여 필요한 자료의 제출을 명하거나 「소방시설 공사업법」 등의 권한의 위임·위탁 규정에 의하여 위탁된 업무와 관련된 규정의 개선을 명할 수 있고 안전원은 정당한 사유가 없는 한 이에 따라야 한다. `O/X`

007. 소방청장은 소방기본법에 따른 권한의 일부를 행정안전부령으로 정하는 바에 따라 시·도지사, 소방본부장 또는 소방서장에게 위임할 수 있다. `O/X`

008. 소방기본법의 벌칙규정에서 징역과 벌금은 행정형벌이고 과태료는 행정질서벌에 해당한다. `O/X`

009. 위력을 사용하여 출동한 소방대의 화재진압·인명구조 또는 구급활동을 방해하거나 소방대가 화재진압을 위하여 현장에 출동하는 것을 고의로 방해하는 행위를 한 사람은 5년 이하의 징역 또는 5천만원 이하의 벌금에 처한다. `O/X`

010. 출동한 소방대원을 폭행 또는 협박을 행사하여 화재진압·인명구조 또는 구급활동을 방해하는 행위를 한 사람은 3년 이하의 징역 또는 3천만원 이하의 벌금에 처한다. `O/X`

011. 소방활동종사명령에 따른 사람을 구출하는 일 또는 불을 끄거나 불이 번지지 아니하도록 하는 일을 방해한 사람은 5년 이하의 징역 또는 5천만원 이하의 벌금에 처한다. `O/X`

012. 정당한 사유 없이 소방용수시설 또는 비상소화장치를 사용하거나, 소방용수시설 또는 비상소화장치의 효용을 해치거나 그 정당한 사용을 방해한 사람은 300만원 이하의 벌금에 처한다. `O/X`

013. 소방자동차의 출동을 방해한 사람과 소방대장 등의 소방활동 종사명령에 따른 사람구출 또는 불을 끄거나 불이 번지지 아니하도록 하는 일을 방해한 사람은 소방기본법의 벌칙규정에서 가장 중한 행정형벌이 적용된다. `O/X`

014. 화재가 발생하거나 불이 번질 우려가 있는 소방대상물 및 토지에 대한 강제처분을 방해한 자 또는 정당한 사유 없이 그 처분에 따르지 아니한 자는 3년 이하의 징역 또는 3천만원 이하의 벌금에 처한다. `O/X`

015. 화재가 발생한 소방대상물 및 사람을 구출하기 위하여 화재가 발생한 소방대상물 외의 소방대상물에 대한 강제처분을 방해한 자는 3년 이하의 징역 또는 1천 500만원 이하의 벌금에 처한다. `O/X`

정답 01. X 02. X 03. O 04. X 05. O 06. O 07. X 08. O 09. O 10. X 11. O 12. X 13. O 14. O 15. X

016. 소방활동에 방해되는 주정차 차량 및 물건의 이동을 방해한 자 또는 정당한 사유 없이 그 처분에 따르지 아니한 자는 300만원 이하의 벌금에 처한다. O/X

017. 화재가 발생한 소방대상물 외의 소방대상물에 대한 강제처분 및 소방활동에 방해되는 주정차 차량에 대한 강제처분을 위반한 경우 벌금형으로만 처벌할 수 있다. O/X

018. 소방대상물에 화재 등이 발생한 경우 화재 등 위급한 상황을 소방본부, 소방서 또는 관계 행정기관에 알리지 아니한 관계인은 100만 원 이하의 벌금에 처한다. O/X

019. 화재가 발생하거나 불이 번질 우려가 있는 소방대상물·토지 외 소방대상물·토지에 대한 강제처분을 정당한 사유 없이 따르지 아니한 자는 200만원 이하의 벌금에 처한다. O/X

020. 정당한 사유 없이 소방대가 현장에 도착할 때까지 사람을 구출하는 조치 또는 불을 끄거나 불이 번지지 아니하도록 하는 조치를 하지 아니한 관계인은 100만원 이하의 벌금에 처한다. O/X

021. 피난 명령을 위반한 사람, 가스·전기 등의 시설에 대하여 공급차단의 조치를 방해한 사람은 200만원 이하의 벌금에 처한다. O/X

022. 한국소방안전원은 소방기술과 안전관리에 관한 교육 및 조사·연구, 소방기술과 안전관리에 관한 각종 간행물 발간, 안전관리의식의 고취를 위한 대국민 홍보 등의 업무를 수행한다. O/X

023. 법인의 대표자나 법인 또는 개인의 대리인, 사용인, 그 밖의 종업원이 그 법인 또는 개인의 업무에 관하여 행정형벌에 해당하는 위반행위를 하면 그 행위자를 벌하는 외에 그 법인 또는 개인에게도 해당 조문의 벌금형을 과(科)한다. O/X

024. 소방기본법에서는 법인 또는 개인이 그 위반행위를 방지하기 위하여 해당 업무에 관하여 상당한 주의와 감독을 게을리 하지 아니한 경우에는 양벌규정을 적용하지 않는다. O/X

025. 화재 또는 구조·구급이 필요한 상황을 거짓으로 알린 사람과 정당한 사유 없이 제20조제2항을 위반하여 화재, 재난·재해, 그 밖의 위급한 상황을 소방본부, 소방서 또는 관계 행정기관에 알리지 아니한 관계인에게는 300만원 이하의 과태료를 부과한다. O/X

026. 법을 위반하여 소방자동차의 출동에 지장을 준 자와 소방자동차 전용구역에 차를 주차하거나 전용구역에의 진입을 가로막는 등의 방해행위를 한 자에게는 100만원 이하의 과태료를 부과한다. O/X

027. 소방본부장이나 소방서장에게 신고를 하지 아니하고 시장지역 등에서 화재로 오인할 만한 우려가 있는 불을 피우거나 연막소독을 하여 소방자동차를 출동하게 한 자에게는 20만원 이하의 과태료를 부과한다 O/X

028. 200만원 이하의 과태료는 대통령령으로 정하는 바에 따라 관할 시·도지사, 소방본부장 또는 소방서장이 부과·징수하며, 20만원 이하의 과태료는 조례로 정하는 바에 따라 관할 소방본부장 또는 소방서장이 부과·징수한다. O/X

029. 법을 위반하여 소방활동구역을 출입하거나 한국소방안전원 또는 이와 유사한 명칭을 사용한 경우에는 위반회수와 관계없이 200만원의 과태료를 부과한다. O/X

030. 200만원 이하의 과태료를 부과하는 경우 위반행위자가 위반행위로 인한 결과를 시정한 경우 과태료 금액의 100분의 50의 범위에서 그 금액을 감액하여 부과할 수 있다. O/X

정답 16.O 17.O 18.X 19.X 20.O 21.X 22.O 23.O 24.O 25.X 26.X 27.O 28.O 29.X 30.O

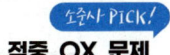

031. 소방청장은 안전원에 대하여 업무·회계 및 재산에 관하여 필요한 사항을 보고하게 하거나, 소속 공무원으로 하여금 안전원의 장부·서류 그 밖의 물건을 검사하게 할 수 있고 보고 또는 검사의 결과 필요하다고 인정되면 시정명령 등 필요한 조치를 할 수 있다. O/X

032. 제21조제3항을 위반하여 소방자동차의 출동에 지장을 준 자와 법을 위반하여 한국소방안전원 또는 이와 유사한 명칭을 사용한 자는 200만원 이하의 과태료를 부과한다. O/X

다중이용업소의 안전관리에 관한 특별법

CHAPTER 01. 총 칙

001. 다중이용업소의 안전관리에 관한 특별법은 2006년 3월 24일 법률 제7905호 제정·공포되고, 2007년 3월 25일 시행되었다. O/X

002. 노래방 화재를 계기로 노래연습장 등에 대한 경찰청장의 시설점검 강화지시가 이루어지고 노래연습장 신규신고 시 소방시설완비필증 제출을 요구(95.12.6)하였다. O/X

003. 다중이용업소의 안전관리에 관한 특별법은 화재와 재난·재해, 그 밖의 위급한 상황으로부터 국민의 생명·신체를 보호하기 위하여 소방시설 등의 설치·유지 및 소방대상물의 안전관리에 관하여 필요한 사항을 정함으로써 공공의 안전과 복리 증진에 이바지함을 목적으로 한다. O/X

004. 다중이용업소의 안전관리에 관한 특별법은 다중이용업소의 안전시설 등의 설치·유지 및 안전관리와 화재위험평가, 다중이용업주의 화재배상책임보험에 필요한 사항을 정하고 있다. O/X

005. 다중이용업소의 안전관리에 관한 특별법에서 사용하는 용어의 뜻은 이 법에서 규정하는 것을 제외하고는「소방기본법」,「소방시설공사업법」,「화재의 예방 및 안전관리에 관한 법률」,「소방시설 설치 및 관리에 관한 법률」및「건축법」에서 정하는 바에 따른다. O/X

006. "다중이용업"이란 불특정 다수인이 이용하는 영업 중 화재 등 재난 발생 시 생명·신체·재산상의 피해가 발생할 우려가 높은 것으로서 행정안전부령으로 정하는 영업을 말한다. O/X

007. 「식품위생법 시행령」따른 식품접객업 중 휴게음식점영업·단란주점영업 또는 일반음식점영업 등은 영업장으로 사용하는 바닥면적의 합계가 100제곱미터(영업장이 지하에 설치된 경우는 66제곱미터) 이상이어야 다중이용업이다. O/X

008. 휴게음식점영업, 제과점영업, 일반음식점영업, 게임제공업, 인터넷컴퓨터게임시설제공업은 영업장이 지상 1층 또는 지상과 직접 접하는 층에 설치되고 그 영업장의 주된 출입구가 건축물 외부의 지면과 직접 연결되는 곳에서 하는 영업은 다중이용업에서 제외한다. O/X

009. 「영화 및 비디오물의 진흥에 관한 법률」에 따른 영화상영관·비디오물감상실업·비디오물소극장업 및 복합영상물제공업은 모두 다중이용업에 해당한다. O/X

010. 「학원의 설립·운영 및 과외교습에 관한 법률」에 따른 학원으로서 수용인원이 100명 이상인 것은 다중이용업이다. O/X

011. 학원의 수용인원이 100명 이상 300명 미만으로서 하나의 건축물에 학원과 기숙사가 함께 있는 학원, 하나의 건축물에 학원이 둘 이상 있는 경우로서 학원의 수용인원이 300명 이상인 학원, 하나의 건축물에 어느 하나 이상의 다중이용업과 학원이 함께 있는 경우는 다중이용업에 해당한다. O/X

012. 하나의 영업장에서 물로 목욕을 할 수 있는 시설 및 설비를 갖춘 목욕장업 중 맥반석·황토·옥 등을 직접 또는 간접 가열하여 발생하는 열이나 원적외선 등을 이용하여 땀을 배출하게 할 수 있는 시설 및 설비를 갖춘 것으로서 수용인원(물로 목욕을 할 수 있는 시설부분의 수용인원은 제외)이 300명 이상이어야 다중이용업이다. O/X

정답 01.O 02.O 03.X 04.O 05.O 06.X 07.X 08.O 09.O 10.X 11.O 12.X

013. 맥반석·황토·옥 등을 직접 또는 간접 가열하여 발생되는 열기 또는 원적외선 등을 이용하여 땀을 낼 수 있는 시설 및 설비 등의 서비스를 하는 목욕장업은 수용인원과 관계없이 다중이용업이다. O/X

014. 게임제공업·인터넷컴퓨터게임시설제공업 및 복합유통게임제공업은 주된 출입구가 지상 1층 또는 피난층에 연결된 영업장은 다중이용업에서 제외한다. O/X

015. 「음악산업진흥에 관한 법률」에 따른 노래연습장업, 「모자보건법」에 따른 산후조리업, 체육시설의 설치·이용에 관한 법률」에 따른 가상체험 체육시설업(스크린골프), 「의료법」에 따른 안마시술소는 모두 다중이용업에 해당하나 독서실, 고시원, 백화점 등은 다중이용업이 아니다. O/X

016. 「사격 및 사격장 안전관리에 관한 법률 시행령」에 따른 권총사격장 중 실내사격장에 한정하여 다중이용업으로 인정된다. O/X

017. 가상체험 체육시설업은 실내에 1개 이상의 별도의 구획된 실을 만들어 골프 종목의 운동이 가능한 시설을 경영하는 영업으로 한정한다. O/X

018. 다중이용업소에 대한 화재위험평가 등에 따른 화재위험평가결과 위험유발지수가 D등급 또는 E등급에 해당하거나 화재발생 시 인명피해가 발생할 우려가 높은 불특정다수인이 출입하는 영업으로서 소방청장이 관계 중앙행정기관의 장과 협의하여 대통령령령으로 정하는 영업은 다중이용업에 속한다. O/X

019. 행정안전부령으로 정하는 다중이용업 중에서 전화방업·화상대화방업은 구획된 실(室) 안에 전화기·텔레비전·모니터 또는 카메라 등 상대방과 대화할 수 있는 시설을 갖춘 형태의 영업을 말한다. O/X

020. "안전시설 등"이란 소방시설, 비상구, 영업장 내부 피난통로, 그 밖의 안전시설로서 대통령령으로 정하는 것을 말한다. O/X

021. "실내장식물"이란 건축물 내부의 천장 또는 벽에 설치하는 것으로 대통령령으로 정하는 것을 말한다. O/X

022. 실내장식물은 종이류(두께 2밀리미터 이상)·합성수지류 또는 섬유류를 주원료로 한 물품, 합판이나 목재, 칸막이, 흡음재 등을 말하며, 가구류와 너비 20센티미터 이하인 반자돌림대는 제외한다. O/X

023. "화재위험평가"란 다중이용업의 영업소가 밀집한 지역 또는 건축물에 대하여 화재 발생의 가능성과 화재로 인한 불특정 다수인의 생명·신체·재산상의 피해 및 주변에 미치는 영향을 예측·분석하고 이에 대한 대책을 마련하는 것을 말한다. O/X

024. 소방청장은 국민의 생명·신체 및 재산을 보호하기 위하여 불특정 다수인이 이용하는 다중이용업소의 안전시설 등의 설치·유지 및 안전관리에 필요한 시책을 마련하여야 한다. O/X

025. 다중이용업을 운영하는 자는 국가와 지방자치단체가 실시하는 다중이용업소의 안전관리 등에 관한 시책에 협조하여야 하며, 다중이용업소를 이용하는 사람들을 화재 등 재난이나 그 밖의 위급한 상황으로부터 보호하기 위하여 노력하여야 한다. O/X

026. 다중이용업소의 화재 등 재난에 대한 안전관리에 관하여는 소방기본법을 제외하고는 다른 법률에 우선하여 다중이용업소의 안전관리에 관한 특별법을 적용한다. O/X

정답 13.O 14.X 15.X 16.O 17.O 18.X 19.O 20.O 21.O 22.X 23.O 24.X 25.O 26.X

027. 「화재로 인한 재해보상과 보험가입에 관한 법률」에 따른 특수건물의 다중이용업주에 대하여는 다중이용업소의 안전관리에 관한 특별법의 다중이용업주의 화재배상책임보험의 의무가입 등을 적용하지 아니한다. O/X

028. 다중이용업주의 화재배상책임에 관하여 이 법에서 규정한 것 외에는 「민법」에 따른다. O/X

029. 밀폐구조의 영업장이란 지상층에 있는 다중이용업소의 영업장 중 채광·환기·통풍 및 피난 등이 용이하지 못한 구조로 되어 있으면서 행정안전부령으로 정하는 기준에 해당하는 영업장을 말한다. O/X

030. 영업장의 내부구획이란 다중이용업소의 영업장 내부를 이용객들이 사용할 수 있도록 벽 또는 칸막이 등을 사용하여 구획된 실(室)을 만드는 것을 말한다. O/X

정답 27. O 28. O 29. X 30. O

다중이용업소의 안전관리에 관한 특별법

CHAPTER 02. 다중이용업소의 안전관리기본계획

001. 소방청장은 다중이용업소의 화재 등 재난이나 그 밖의 위급한 상황으로 인한 인적·물적 피해의 감소, 안전기준의 개발, 자율적인 안전관리능력의 향상 등을 위하여 3년마다 다중이용업소의 안전관리기본계획을 수립·시행하여야 한다. O/X

002. 다중이용업소의 안전관리기본계획에는 다중이용업소의 화재배상책임보험에 관한 기본방향, 안전관리 중·장기 기본계획 및 시·도 안전관리기본계획에 관한 사항이 포함되어야 한다. O/X

003. 다중이용업소의 화재위험평가의 연구·개발에 관한 사항과 화재배상책임보험제도의 정비 및 개선에 관한 사항은 안전관리집행계획에 포함되는 내용이다. O/X

004. 소방청장은 관계 중앙행정기관의 장과 협의를 거쳐 화재 등 재난발생 경감대책과 재난 발생을 줄이기 위한 중·장기 대책이 포함된 안전관리기본계획 수립지침을 작성하여야 한다. O/X

005. 다중이용업소 안전시설 등의 관리 및 유지계획과 소관법령 및 관련기준의 정비는 화재 등 재난 발생을 줄이기 위한 중·장기 대책에 해당한다. O/X

006. 소방본부장은 소방청장이 수립한 기본계획에 따라 매년 연도별 안전관리계획을 전년도 12월 31일까지 수립하여야 한다. O/X

007. 소방청장은 기본계획을 수립하면 국무총리에게 보고하고 관계 중앙행정기관의 장과 시·도지사 및 소방본부장에게 통보해야 한다. O/X

008. 소방청장은 연도별 계획을 수립하면 지체 없이 관계 중앙행정기관의 장과 시·도지사 및 소방본부장에게 통보해야 한다. O/X

009. 소방본부장은 기본계획 및 연도별계획에 따라 관할지역 다중이용업소의 안전관리를 위하여 매년 안전관리집행계획을 수립하여 소방청장에게 제출하여야 한다. O/X

010. 다중이용업소의 안전관리체제와 안전관리실태평가 및 개선계획, 그리고 다중이용업소 밀집 지역의 소방시설 설치, 유지·관리와 개선계획은 안전관리집행계획에 포함시켜야 한다. O/X

011. 다중이용업소 밀집 지역의 소방시설 설치, 유지·관리와 개선계획은 집행계획에 포함된다. O/X

012. 안전관리집행계획의 수립시기는 해당 연도 전년 11월 30일까지로 하며, 그 수립대상은 제2조의 다중이용업으로 한다. O/X

013. 소방본부장은 수립된 집행계획과 전년도 추진실적을 매년 2월 말까지 소방청장에게 제출해야 한다. O/X

014. 소방본부장은 집행계획을 수립하기 위하여 필요하면 해당 시장·군수·구청장에게 관련된 자료의 제출을 요구할 수 있다. 이 경우 자료제출을 요구받은 해당 시장·군수·구청장은 특별한 사유가 없으면 요구에 따라야 한다. O/X

015. 안전관리집행계획의 수립시기, 대상, 내용 등에 관하여 필요한 사항은 대통령령으로 정한다. O/X

정답 01.X 02.O 03.X 04.O 05.O 06.X 07.X 08.O 09.O 10.X 11.O 12.X 13.X 14.O 15.O

다중이용업소의 안전관리에 관한 특별법

CHAPTER 03. 허가관청의 통보

001. 다중이용업의 허가 등을 하는 허가관청은 허가 등을 한 날부터 14일 이내에 다중이용업소의 소재지를 관할하는 소방본부장 또는 소방서장에게 업주의 성명 및 주소, 업소의 상호 및 주소 등을 다중이용업 허가 등 사항(변경사항)통보서에 따라 통보하여야 한다. O/X

002. 다중이용업 허가 등 사항통보서에 의해 통보하는 것은 영업주의 성명·주소, 업소의 상호·소재지, 다중이용업의 종류·영업장 면적, 허가일자 사항 등이다. O/X

003. 허가관청은 다중이용업주가 휴업·폐업 또는 휴업 후 영업의 재개, 다중이용업주의 변경 또는 다중이용업주 주소의 변경을 하였을 때에는 그 신고를 수리(受理)한 날부터 14일 이내에 소방본부장 또는 소방서장에게 통보하여야 한다. O/X

004. 소방청장, 소방본부장 또는 소방서장은 다중이용업주의 휴업·폐업 또는 사업자등록말소 사실을 확인하기 위하여 필요한 경우 관할 세무서의 장에게 대표자 성명 및 주민등록번호, 사업장 소재지와 휴업·폐업한 사업자의 성명 및 주민등록번호, 휴업일·폐업일에 대한 과세정보 제공을 요청할 수 있다. O/X

005. 허가관청은 다중이용업 허가, 휴업·폐업 또는 영업의 재개, 변경사항 등을 소방본부장 또는 소방서장에게 통보를 할 때에는 전산시스템을 이용하여 통보할 수 있다. O/X

006. 다중이용업주와 종업원 및 다중이용업을 하려는 자는 소방청장, 소방본부장 또는 소방서장이 실시하는 소방안전교육을 받아야 한다. 그 해당연도에 위험물안전관리자 교육을 받은 경우에도 동일하다. O/X

007. 소방안전교육을 받지 아니하거나 종업원이 소방안전교육을 받도록 하지 아니한 다중이용업주에게는 300만원 이하의 과태료를 부과한다. O/X

008. 소방안전교육의 대상자, 횟수, 시기, 교육시간, 그 밖에 필요한 사항은 대통령령으로 정한다. O/X

009. 소방청장·소방본부장 또는 소방서장이 실시하는 소방안전교육을 받아야 할 대상자는 다중이용업주와 종업원이며, 업주를 대신한 자가 소방안전교육을 받을 수 없다. O/X

010. 교육대상자가 국외에 체류하고 있거나, 질병·부상 등으로 입원해 있는 등 정해진 기간 안에 소방안전교육을 받을 수 없는 사유가 있는 때에는 소방청장이 정하는 바에 따라 3개월의 범위에서 소방안전교육을 연기할 수 있다. O/X

011. 신규교육은 다중이용업을 시작하기 전 또는 다중이용업에 종사하기 전에 소방안전교육을 받아야 하며, 수시교육은 위반행위가 적발된 날부터 3개월 이내 받아야 한다. O/X

012. 소방청장·소방본부장 또는 소방서장은 소방안전교육을 실시하려는 때에는 교육일시·장소 등 소방안전교육에 필요한 사항을 교육일 30일 전까지 소방청·소방본부 또는 소방서의 홈페이지에 게재하고, 교육일정을 교육대상자에게 알려야 한다. O/X

013. 신규교육 대상자 중 안전시설 등의 설치신고 또는 영업장 내부구조 변경신고를 하는 자는 신고 접수 시에, 수시 교육 및 보수 교육대상자는 교육일 7일 전까지 교육일정을 교육대상자에게 알려야 한다. O/X

정답 01.O 02.O 03.X 04.O 05.O 06.X 07.O 08.X 09.X 10.O 11.O 12.O 13.X

014. 소방안전교육 시간은 4시간 이내로 하며, 다중이용업소의 안전관리에 관한 교육내용과 관련된 세부사항은 소방청장이 정한다. O/X

015. 소방안전교육(신규교육)을 받은 사람이 교육받은 날부터 3년 이내에 다중이용업을 하려는 경우 또는 다중이용업에 종사하려는 경우에는 신규교육을 받은 것으로 본다. O/X

016. 소방청장, 소방본부장 또는 소방서장은 인터넷 홈페이지를 이용한 사이버 소방안전교육을 위한 환경을 조성하여야 하며, 사이버교육을 위한 시스템 구축과 그 밖에 필요한 사항은 소방청장이 정한다. O/X

017. 소방청장, 소방본부장 도는 소방서장은 사이버교육시스템을 구축·운영하여야 한다. O/X

018. 소방안전교육에 필요한 교육인력의 인원은 강사 4인 및 교무요원 2인 이상으로 하며, 소방 관련학의 학사학위 이상을 가진 자는 강사가 될 수 있다. O/X

019. 소방설비기사 및 위험물산업기사 자격을 소지한 자로서 소방 관련 기관(단체)에서 2년 이상 강의경력이 있는 자와 소방설비산업기사 및 위험물기능사 자격을 소지한 자로서 소방 관련 기관에서 3년 이상 강의경력이 있는 자는 소방안전교육의 강사자격이 있다. O/X

021. 산후조리업의 영업장과 안마시술소에는 소방시설 중 간이스프링클러설비를 행정안전부령으로 정하는 기준에 따라 설치하여야 한다. O/X

022. 다중이용업주 및 다중이용업을 하려는 자는 영업장에 대통령령으로 정하는 안전시설 등을 행정안전부령으로 정하는 기준에 따라 설치·유지하여야 한다. O/X

023. 대통령령으로 정하는 안전시설 등이라 함은 소화설비·경보설비·피난설비 등의 소방시설, 비상구, 영업장 내부 피난통로, 그리고 그 밖의 안전시설을 말한다. O/X

024. 방화문(放火門)이란 「건축법 시행령」 제64조에 따른 갑종방화문 또는 을종방화문으로서 언제나 닫힌 상태를 유지하거나 화재로 인한 연기의 발생 또는 온도의 상승에 따라 자동적으로 닫히는 구조를 말한다. O/X

025. 피난유도선이란 주된 출입구 외에 화재발생 등 비상시 영업장의 내부로부터 지상·옥상 또는 그 밖의 안전한 곳으로 피난할 수 있도록 「건축법시행령」에 따른 직통계단·피난계단·옥외피난계단 또는 발코니에 연결된 출입구를 말한다. O/X

026. 소방시설 설치기준에서 소화기 또는 자동확산소화기는 영업장안의 구획된 실마다 설치해야 한다. O/X

027. 주된 출입구 외에 해당 영업장 내부에서 피난층 또는 지상으로 통하는 직통계단이 주된 출입구 중심선으로부터 수평거리로 영업장의 긴 변 길이의 2분의 1 이상 떨어진 위치에 별도로 설치된 경우 비상구를 설치하지 아니할 수 있다. O/X

028. 비상구는 영업장 주된 출입구의 반대방향에 설치하되, 주된 출입구 중심선으로부터의 수평거리가 영업장의 가장 긴 대각선 길이, 가로 또는 세로 길이 중 가장 긴 길이의 2분의 1 이상 떨어진 위치에 설치하여야 하며, 가로 75센티미터 이상, 세로 150센티미터 이상이어야 한다. O/X

정답 14.O 15.X 16.O 17.O 18.X 19.X 20.X 21.X 22.O 23.O 24.O 25.X 26.O 27.O 28.O

029. 비상구 문의 재질은 주요구조부가 내화구조가 아닌 경우 비상구 및 주된 출입구의 문은 방화문으로 설치하고 건물의 구조상 비상구 또는 주 출입구의 문이 지표면과 접하는 경우로서 화재의 연소 확대 우려가 없는 경우 불연재료로 설치할 수 있다. O/X

030. 비상구 문이 열리는 방향은 피난방향의 반대방향으로 열리는 구조로 하고, 비상구는 구획된 실 또는 천장으로 통하는 구조가 아닐 것을 요한다. O/X

031. 복층구조 영업장의 비상구는 각 층마다 영업장 외부의 계단 등으로 피난할 수 있는 비상구를 설치하여야 하나 건축물 주요 구조부를 훼손하거나 옹벽 또는 외벽이 유리로 설치된 경우에는 그 영업장으로 사용하는 어느 하나의 층에 비상구를 설치할 수 있다. O/X

032. 영업장의 위치가 4층 이하인 경우 비상구는 피난 시에 유효한 가로 75센티미터 이상, 세로 150센티미터 이상, 면적 1.12제곱미터 이상의 부속실을 설치하고, 그 장소에 적합한 피난기구를 설치해야 한다. O/X

033. 피난유도선은 영업장 내부 피난통로 또는 복도에 유도등 및 유도표지의 화재안전기준에 따라 설치하되 전류에 의하여 빛을 내는 방식으로 하여야 한다. O/X

034. 양 옆에 구획된 실이 있는 고시원업 영업장으로서 구획된 실의 출입문 열리는 방향이 피난통로 방향인 경우에는 내부 피난통로의 폭은 120센티미터 이상으로 설치하여야 한다. O/X

035. 고시원업의 영업장에는 영업장 층별로 가로 50센티미터 이상, 세로 50센티미터 이상 열리는 창문을 1개 이상 영업장 내부 피난통로 또는 복도에 바깥 공기와 접하는 부분에 설치하여야 한다. O/X

036. 다중이용업을 하려는 자는 안전시설 등을 설치하려는 경우 안전시설 등을 설치하기 전에 소방본부장이나 소방서장에게 행정안전부령으로 정하는 안전시설 등의 설계도서와 설치명세서를 첨부하여 행정안전부령으로 정하는 바에 따라 신고하여야 한다. O/X

037. 소방본부장이나 소방서장은 안전시설 등이 기준에 맞게 설치 또는 유지되어 있지 아니한 경우 다중이용업주에게 안전시설 등의 보완 등 필요한 조치를 명할 수 있고 공사완료의 신고를 받았을 때에는 안전시설 등이 기준에 맞게 설치된 경우에는 안전시설 등 완비증명서를 발급하여야 한다. O/X

038. 다중이용업소에 설치하거나 교체하는 실내장식물(반자돌림대 등의 너비가 10센티미터 이하인 것은 제외한다)은 불연재료로만 설치하여야 한다. O/X

039. 합판 또는 목재로 실내장식물을 설치하는 경우로서 그 면적이 영업장 천장과 벽을 합한 면적의 10분의 3(스프링클러설비 또는 간이스프링클러설비가 설치된 경우에는 10분의 5) 이하인 부분은 방염성능기준 이상의 것으로 설치할 수 있다. O/X

040. 단란주점 및 유흥주점 영업과 노래연습장업의 영업장은 천장(반자 속)까지 구획하여야 한다. O/X

041. 다중이용업주는 화재 등 재난이나 그 밖의 위급한 상황의 발생 시 이용객들이 안전하게 피난할 수 있도록 피난계단·피난통로, 피난설비 등이 표시되어 있는 피난안내도를 갖추어 두거나 피난안내에 관한 영상물을 상영하여야 한다. O/X

042. 피난안내도를 갖추어 두거나 피난안내에 관한 영상물을 상영하여야 하는 대상, 피난안내도를 갖추어 두어야 하는 위치, 피난안내에 관한 영상물의 상영시간과 그 밖에 필요한 사항은 대통령령으로 정한다. O/X

정답　29. X　30. X　31. O　32. O　33. O　34. X　35. O　36. O　37. O　38. X　39. O　40. O　41. O　42. X

043. 영화상영관 및 비디오물소극장업의 영업장, 노래연습장업의 영업장, 고시원업과 산후조리업의 영업장은 피난안내 영상물 상영대상이다. O/X

044. 피난안내도 비치 대상은 모든 다중이용업소로 한다. 다만, 영업장으로 사용하는 바닥면적의 합계가 33제곱미터 이하인 경우와 영업장내 구획된 실(室)이 없고 영업장 어느 부분에서도 출입구 및 비상구 확인이 가능한 경우에는 설치하지 아니할 수 있다. O/X

045. 다중이용업주는 다중이용업소의 안전관리를 위하여 정기적으로 안전시설 등을 점검하고 그 점검결과서를 2년간 보관하여야 한다. O/X

046. 다중이용업주는 분기별 1회 이상 안전시설 등 세부점검표를 사용하여 영업장에 설치된 안전시설 등을 점검해야 하며, 점검방법은 안전시설 등의 작동 및 유지·관리 상태를 점검한다. O/X

047. 안전시설 등 세부점검표의 점검사항에서 비상구, 영업장 내부 피난통로 및 고시원의 창문은 관리상태를 확인하며, 간이스프링클러와 경보설비는 작동기능점검을 한다. O/X

정답   43.X   44.O   45.X   46.O   47.O

다중이용업소의 안전관리에 관한 특별법

CHAPTER 04. 화재배상책임보험 의무가입

001. 다중이용업주 및 다중이용업을 하려는 자는 다중이용업소의 화재(폭발을 제외한다)로 인하여 다른 사람이 사망·부상하거나 재산상의 손해를 입은 경우 피해자에게 대통령령으로 정하는 금액을 지급할 책임을 지는 책임보험에 가입하여야 한다. `O/X`

002. 다용이용업주가 가입하여야 하는 화재배상책임보험은 사망의 경우와 후유장애의 경우는 피해자 1명당 1억 5천만원의 범위에서 피해자에게 발생한 손해액을 지급할 수 있어야 한다. `O/X`

003. 다중이용업주가 가입하여야 하는 화재배상책임보험은 부상의 경우 피해자 1명당 1억원의 범위에서 피해자에게 발생한 손해액을 지급할 수 있어야 한다. `O/X`

004. 다중이용업주를 변경한 경우에는 화재배상책임보험에 가입한 후 그 증명서(보험증권 포함)를 소방본부장 또는 소방서장에게 제출하여야 한다. `O/X`

005. 화재배상책임보험에 가입한 다중이용업주는 행정안전부령으로 정하는 바에 따라 화재배상책임보험에 가입한 영업소임을 표시하는 표지를 부착할 수 있다. `O/X`

006. 화재배상책임보험 가입 영업소 표지의 규격은 지름 120mm로 하며 QR코드의 표기 크기는 가로 30밀리미터 × 세로 30밀리미터로 하여야 한다. `O/X`

007. 보험회사는 화재배상책임보험의 계약을 체결하고 있는 다중이용업주에게 그 계약 종료일의 75일 전부터 30일 전까지의 기간 및 30일 전부터 10일 전까지의 기간에 각각 그 계약이 끝난다는 사실을 알려야 한다. `O/X`

008. 보험기간이 3개월 이내인 계약의 경우에는 보험회사가 화재배상책임보험의 계약을 체결하고 있는 다중이용업주에게 계약이 끝난다는 사실을 알려 줄 필요가 없다. `O/X`

009. 소방청장, 소방본부장 또는 소방서장은 다중이용업주가 화재배상책임보험에 가입하지 아니하였을 때에는 허가관청에 다중이용업주에 대한 인가·허가의 취소, 영업의 정지 등을 요청할 수 있다. `O/X`

010. 보험회사는 화재배상책임보험에 가입하여야 할 자가 화재배상책임보험 계약을 체결한 경우 그 사실을 계약 체결 사실을 보험회사의 전산시스템에 입력한 날부터 5일 이내에 소방청장, 소방본부장 또는 소방서장에게 알려야 한다. `O/X`

011. 보험회사는 다중이용업주가 화재배상책임보험 계약을 체결한 후 계약 기간이 끝나기 전에 그 계약을 해지한 경우 계약 해지 사실을 보험회사의 전산시스템에 입력한 날부터 10일 이내 소방본부장 또는 소방서장 등에게 알려야 한다. `O/X`

012. 보험회사가 화재배상책임보험 계약 체결 사실 등을 알릴 때에는 다중이용업주의 성명, 주민등록번호 및 주소, 다중이용업소의 상호, 다중이용업의 종류, 영업장 면적 및 영업장 주소, 화재배상책임보험 계약 기간 등을 포함하여야 한다. `O/X`

013. 보험회사가 화재배상책임보험 계약 체결사실 등을 알릴 때에는 책임보험전산망을 이용하여야 하며, 문서 또는 전자우편 등의 방법으로 알릴 수 없다. `O/X`

정답 01.X 02.O 03.X 04.O 05.O 06.X 07.O 08.X 09.X 10.O 11.X 12.O 13.X

014. 보험회사는 화재배상책임보험의 보험금 청구를 받은 때에는 지체 없이 지급할 보험금을 결정하고 보험금 결정 후 14일 이내에 피해자에게 보험금을 지급하여야 한다. O/X

015. 보험회사는 다중이용업주가 화재배상책임보험에 가입할 때에는 계약의 체결을 거부할 수 없다. 다만, 다중이용업주가 보험 청약 당시 화재 발생 위험에 관한 중요한 사항을 알리지 아니하거나 거짓으로 알린 경우에는 그러하지 아니하다. O/X

016. 해당 영업장에서 화재 관련 사고가 발생한 사실이 있는 경우 등 대통령령으로 정하는 사유가 있으면 다수의 보험회사가 공동으로 화재배상책임보험 계약을 체결할 수 있다. O/X

017. 해당 영업장에서 화재 관련 사고가 발생한 사실이 있는 경우 다수의 보험회사가 공동으로 화재배상책임보험 계약을 체결할 수 있다. 이 경우 보험회사는 다중이용업주에게 공동계약체결의 절차 및 보험료에 대한 안내를 하여야 한다. O/X

018. 다중이용업주가 변경된 경우에는 변경된 다중이용업주가 화재배상책임보험 계약을 승계한 경우를 포함하여 보험회사는 다중이용업주와의 화재배상책임보험 계약을 해제하거나 해지할 수 있다. O/X

019. 다중이용업주가 변경된 경우와 화재배상책임보험에 이중으로 가입되거나 행정안전부령으로 정하는 경우에 보험회사는 다중이용업주와의 화재배상책임보험 계약을 해제하거나 해지할 수 있다. O/X

020. 폐업한 경우, 다중이용업에 해당하지 않게 된 경우, 민법에 따른 계약 해지 사유가 발생한 경우에 보험회사는 다중이용업주와의 화재배상책임보험 계약을 해제하거나 해지할 수 있다. O/X

정답 ○ 14.○ 15.○ 16.X 17.○ 18.X 19.○ 20.X

다중이용업소의 안전관리에 관한 특별법

CHAPTER 05. 다중이용업소 안전관리를 위한 기반조성

001. 다중이용업주는 「화재의 예방 및 안전관리에 관한 법률」 제24조 제5항 특정소방대상물의 관계인과 소방안전관리대상물의 소방안전관리자의 업무 중 소방계획서의 작성, 자위소방대의 조직, 소방훈련 및 교육 등의 소방안전관리업무를 수행하여야 한다. O/X

002. 다중이용업주는 피난시설, 방화구획 및 방화시설의 유지·관리, 소방시설이나 그 밖의 소방 관련 시설의 유지·관리, 화기 취급의 감독 등의 소방안전관리업무를 수행하여야 하며, 위반하여 소방안전관리업무를 하지 아니한 자에게는 300만원 이하의 과태료를 부과한다. O/X

003. 소방청장, 소방본부장 또는 소방서장은 4층 이상인 건축물로서 다중이용업소가 10개 이상 있는 경우와 하나의 건축물에 다중이용업소로 사용하는 영업장 바닥면적의 합계가 1천제곱미터 이상인 경우에는 화재위험평가를 할 수 있다. O/X

004. 도로로 둘러싸인 일단(一團)의 지역의 중심지점을 기준으로 2천제곱미터 지역 안에 다중이용업소가 50개 이상 밀집하여 있는 경우 화재위험평가를 할 수 있다. O/X

005. 소방청장, 소방본부장 또는 소방서장은 화재위험평가 결과 그 위험유발지수가 대통령령으로 정하는 기준 이상인 경우에는 해당 다중이용업주 또는 관계인에게 「화재의 예방 및 안전관리에 관한 법률」 제14조에 따른 화재안전조사 조치명령을 할 수 있다. O/X

006. 위험유발지수가 대통령령이 정하는 기준 이상인 경우라 함은 별표 4의 A 등급인 경우를 말하며, 위험유발지수의 산정기준·방법 등은 소방청장이 정하여 고시한다. O/X

007. 소방청장, 소방본부장 또는 소방서장은 화재위험평가의 결과 그 위험유발지수가 대통령령으로 정하는 기준 미만인 A 등급(위험수준 20 미만)인 경우에는 다중이용업소에 대하여는 안전시설 등의 일부를 설치하지 아니하게 할 수 있다. O/X

008. 소방청장, 소방본부장 또는 소방서장은 화재안전조사 조치명령으로 인하여 손실을 입은 자가 있으면 대통령령으로 정하는 바에 따라 이를 보상하여야 하며, 법령을 위반하여 건축되거나 설비된 다중이용업소에 대하여도 그러하다. O/X

009. 손실보상에 관하여는 소방청장·소방본부장 또는 소방서장과 손실을 입은 자가 협의해야 하며, 보상금액에 관한 협의가 성립되지 아니한 경우에는 소방청장·소방본부장 또는 소방서장은 보상금액을 공탁하고 이 사실을 통지하여야 한다. O/X

010. 보상금의 지급 또는 공탁의 통지에 불복하는 자는 지급 또는 공탁의 통지를 받은 날부터 30일 이내에 중앙토지수용위원회에 재결(裁決)을 신청할 수 있다. O/X

011. 소방청장, 소방본부장 또는 소방서장은 화재위험평가를 제16조 제1항에 따른 화재위험평가 대행자로 하여금 대행하게 할 수 있다. O/X

012. 화재위험평가를 대행하려는 자는 대통령령으로 정하는 기술인력, 시설 및 장비를 갖추고 행정안전부령으로 정하는 바에 따라 소방청장, 소방본부장 또는 소방서장에게 화재위험평가 대행자로 등록하여야 한다. O/X

013. 평가대행자의 등록이 취소된 후 2년이 지나지 아니한 자는 화재위험평가 대행자로 등록할 수 없다. O/X

정답 ▶ 01.X 02.O 03.X 04.O 05.O 06.X 07.O 08.X 09.X 10.O 11.O 12.X 13.O

014. 「다중이용업소의 안전관리에 관한 특별법」, 「소방기본법」, 「소방시설공사업법」 등을 위반하여 징역 이상의 실형을 선고받고 그 형의 집행이 끝나거나 집행을 받지 아니하기로 확정된 후 3년이 지나지 아니한 사람은 평가대행자로 등록할 수 없다. O/X

015. 화재위험평가를 대행하려는 자가 갖추어야 할 기술인력기준은 소방기술사 자격을 취득한 사람 1명 이상, 소방기술사, 소방설비기사, 소방설비산업기사 자격을 가진 사람 또는 「소방시설공사업법」에 따라 소방기술과 관련된 자격·학력 및 경력을 인정받은 사람으로서 자격수첩을 발급받은 사람 2명 이상이며, 두 종류 이상의 자격을 가진 기술인력은 그 중 한 종류의 자격을 가진 기술인력으로 본다. O/X

016. 화재위험평가를 대행하려는 자가 갖추어야 할 시설 및 장비기준에서 화재모의시험이 가능한 컴퓨터 2대 이상, 화재모의시험을 위한 프로그램이 필요하다. O/X

017. 평가대행자는 화재위험평가대행자 등록신청서에 기술인력명부, 시설 및 장비명세서 1부 등을 첨부하여 소방청장에게 제출하여야 한다. O/X

018. 소방청장은 등록신청서를 제출받은 경우 평가대행자가 갖추어야 할 기술인력·시설·장비기준에 적합하다고 인정되는 경우에는 등록신청을 받은 날부터 30일 이내에 화재위험평가대행자등록증을 발급하여야 한다. O/X

019. 평가대행자는 행정안전부령으로 정하는 중요한 사항에 해당하는 변경사유가 발생하면 변경사유가 발생한 날부터 30일 이내에 소방청장에게 변경등록을 해야 한다. O/X

020. 평가대행자의 대표자나 사무소의 소재지, 기술인력의 보유현황의 변경이 있는 경우 소방청장에게 변경등록을 해야 한다. O/X

021. 소방청장은 화재위험평가대행자로 등록한 경우나 등록을 취소한 경우에는 이를 소방청 인터넷 홈페이지 등에 공고해야 한다. O/X

022. 평가대행자는 화재위험평가결과보고서를 소방청장·소방본부장 또는 소방서장 등에게 제출한 날부터 5년간 보존해야 한다. O/X

023. 평가대행자는 업무를 휴업하거나 폐업하려면 소방청장에게 신고하여야 하며, 휴업 또는 폐업 신고에 필요한 사항은 행정안전부령으로 정한다. O/X

024. 평가대행자는 휴업 또는 폐업을 하려는 때에는 화재위험평가대행자 휴업(폐업)신고서를 소방청장에게 제출하여야 하며, 소방청장은 휴업 또는 폐업신고를 받은 때에는 이를 소방본부장에게 통보하여야 한다. O/X

025. 소방청장은 평가대행자가 등록 결격사유에 해당하는 경우 또는 다른 사람에게 등록증이나 명의를 대여한 경우에는 그 등록을 취소하거나 6개월 이내의 기간을 정하여 업무의 정지를 명할 수 있다. O/X

026. 등록 후 2년 이내에 화재위험평가 대행 업무를 시작하지 아니하거나 계속하여 2년 이상 화재위험평가 대행 실적이 없는 경우에는 그 등록을 취소하거나 6개월 이내의 기간을 정하여 업무의 정지를 명할 수 있다. O/X

027. 등록취소 또는 업무정지 처분을 받은 자는 그 처분을 받은 날부터 평가대행 업무를 수행할 수 없으며, 행정처분의 기준과 그 밖에 필요한 사항은 행정안전부령으로 정한다. O/X

028. 평가대행자는 화재위험평가대행자 등록신청서에 기술인력명부, 시설 및 장비명세서 1부 등을 첨부하여 소방청장에게 제출하여야 한다. O/X

정답 14.X 15.O 16.X 17.O 18.O 19.X 20.O 21.O 22.X 23.O 24.X 25.X 26.O 27.O 28.O

029. 소방청장은 등록신청서를 제출받은 경우 평가대행자가 갖추어야 할 기술인력·시설·장비기준에 적합하다고 인정되는 경우에는 등록신청을 받은 날부터 30일 이내에 화재위험평가대행자등록증을 발급하여야 한다. O/X

030. 평가대행자는 행정안전부령으로 정하는 중요한 사항에 해당하는 변경사유가 발생하면 변경사유가 발생한 날부터 30일 이내에 소방청장에게 변경등록을 해야 한다. O/X

031. 평가대행자의 대표자나 사무소의 소재지, 기술인력의 보유현황의 변경이 있는 경우 소방청장에게 변경등록을 해야 한다. O/X

032. 소방청장은 화재위험평가대행자로 등록한 경우나 등록을 취소한 경우에는 이를 소방청 인터넷 홈페이지 등에 공고해야 한다. O/X

033. 평가대행자는 화재위험평가결과보고서를 소방청장·소방본부장 또는 소방서장 등에게 제출한 날부터 5년간 보존해야 한다. O/X

034. 평가대행자는 업무를 휴업하거나 폐업하려면 소방청장에게 신고하여야 하며, 휴업 또는 폐업 신고에 필요한 사항은 행정안전부령으로 정한다. O/X

035. 조치명령 미이행업소를 공개할 때에는 미이행업소명, 미이행업소의 주소, 조치한 내용, 미이행의 횟수 사항을 포함해야 하며, 공개기간은 그 업소가 조치명령을 이행하지 아니한 때부터 조치명령을 이행할 때까지로 한다. O/X

036. 소방청장·소방본부장 또는 소방서장은 공개사항을 2개 이상의 매체에 공개한다. O/X

037. 소방청장, 소방본부장 또는 소방서장은 소방청, 소방본부 또는 소방서의 인터넷 홈페이지에 공개한 경우로서 다중이용업주가 사후에 해당 조치명령을 이행한 경우에는 이를 확인한 날부터 5일 이내에 공개내용을 해당 인터넷 홈페이지에서 삭제해야 한다. O/X

038. 조치명령 미이행업소의 공개가 제3자의 법익을 침해하는 경우에는 제3자와 관련된 사실을 공개하여서는 아니 된다. O/X

039. 소방청장, 소방본부장 또는 소방서장은 다중이용업소의 안전관리업무 이행실태가 우수하여 대통령령이 정하는 요건에 해당한다고 인정하는 때에는 그 사실을 해당 다중이용업주에게 통보하고 이를 공표할 수 있다. O/X

040. 안전관리우수업소의 요건으로 공표일 기준으로 최근 3년 동안 「소방시설 설치 및 관리에 관한 법률」상의 피난시설, 방화구획 및 방화시설 관련 위반행위가 없을 것 또는 공표일 기준으로 최근 3년 동안 화재 발생 사실이 없을 것 등을 요한다. O/X

041. 소방본부장이나 소방서장은 안전관리우수업소를 인정하여 공표하려면 그 내용을 관보, 소방청, 시·도 소방본부 또는 소방서의 인터넷 홈페이지 등의 매체에 안전관리우수업소 인정 예정공고를 해야 한다. O/X

042. 안전관리우수업소 인정 예정공고의 내용에 이의가 있는 사람은 안전관리우수업소 인정 예정공고일부터 10일 이내에 소방본부장이나 소방서장에게 전자우편이나 서면으로 이의신청을 할 수 있다. O/X

043. 소방본부장이나 소방서장은 안전관리우수업소를 인정하여 공표하려는 경우에는 공표일부터 2년의 범위에서 안전관리우수업소표지 사용기간을 정하여 공표해야 한다. O/X

정답 29. X 30. O 31. O 32. X 33. X 34. O 35. O 36. O 37. X 38. O 39. X 40. O 41. O 42. X 43. O

044. 소방본부장이나 소방서장은 안전관리우수업소에 대하여 안전관리우수업소 표지를 교부한 날부터 2년이 되는 날 이전 30일 전에 정기심사를 실시하여 안전관리우수업소의 요건에 적합한 경우에는 안전관리우수업소표지를 갱신해 주어야 한다. O/X

045. 다중이용업주는 그 영업장이 안전관리우수업소 요건에 해당되면 소방본부장이나 소방서장에게 안전관리우수업소로 인정해 줄 것을 신청할 수 있다. O/X

정답 ○ 44. X 45. ○

다중이용업소의 안전관리에 관한 특별법

CHAPTER 06. 보칙 및 벌칙

001. 소방청장, 소방본부장 또는 소방서장은 다중이용업주 및 그 종업원에 대한 소방안전교육 업무, 책임보험전산망의 구축·운영에 관한 업무를 대통령령으로 정하는 바에 따라 관련 법인 또는 단체에 위탁할 수 있다. O/X

002. 소방안전교육 등을 위탁받은 업무에 종사하는 법인 또는 단체의 임원 및 직원은 「형법」 제129조부터 제132조(수뢰·사전수뢰, 제3자 뇌물제공, 수뢰후부정처사·사후수뢰, 알선수뢰)까지의 규정을 적용할 때에는 공무원으로 본다. O/X

003. 소방안전교육 등을 위탁받은 법인 또는 단체의 장은 위탁받은 업무의 수행에 드는 경비를 교육 대상자로부터 징수할 수 없으며, 일체의 경비는 위탁자가 부담한다. O/X

004. 소방안전교육을 위탁받은 자가 갖추어야 할 시설기준, 교수요원의 자격 등에 필요한 사항은 행정안전부령으로 정한다. O/X

005. 무를 위탁받은 자는 그 직무상 알게 된 정보를 누설하거나 다른 사람에게 제공하는 등 부당한 목적을 위하여 사용하여서는 아니 되며, 이를 위반하여 다른 사람에게 정보를 제공하거나 부당한 목적으로 이용한 자는 1년 이하의 징역 또는 1천만원 이하의 벌금에 처한다. O/X

006. 소방안전교육 위탁기관이 갖추어야 하는 시설기준에서 강의실은 바닥면적 66제곱미터 이상이고 의자·탁자 및 교육용 비품을 갖출 것을 요한다. O/X

007. 소방안전교육 위탁기관은 바닥면적 60제곱미터 이상의 사무실, 바닥면적 100제곱미터 이상의 강의실 및 실습·체험실, 8종의 교육용기자재의 시설을 갖추어야 한다. O/X

008. 평가대행자로 등록하지 아니하고 화재위험평가 업무를 대행한 자는 2년 이하의 징역 또는 2천만원 이하의 벌금에 처한다. O/X

009. 화재배상책임보험의 보험금 청구권 중 다른 사람의 사망 또는 부상으로 인하여 발생한 청구권은 이를 압류할 수 없다. O/X

010. 법인의 대표자나 법인 또는 개인의 대리인, 사용인, 그 밖의 종업원이 그 법인 또는 개인의 업무에 관하여 행정형벌에 해당하는 위반행위를 하면 그 행위자를 벌하는 외에 그 법인 또는 개인에게도 해당 조문의 벌금형을 과(科)한다. O/X

011. 양벌규정은 법인 또는 개인이 그 위반행위를 방지하기 위하여 해당 업무에 관하여 상당한 주의와 감독을 게을리하지 아니한 경우에도 적용한다. O/X

012. 소방안전교육을 받지 아니하거나 종업원이 소방안전교육을 받도록 하지 아니한 다중이용업주나 안전시설 등을 기준에 따라 설치·유지하지 아니한 자에게는 300만원 이하의 과태료를 부과한다. O/X

013. 300만원 이하의 과태료는 행정안전부령으로 정하는 바에 따라 소방청장·소방본부장 또는 소방서장이 부과·징수한다. O/X

014. 위반행위자가 처음 위반행위를 하는 경우로서, 3년 이상 해당 업종을 모범적으로 영위한 사실이 인정되는 경우에는 개별기준에 따른 과태료 금액의 2분의 1의 범위에서 그 금액을 감경하여 부과할 수 있다. O/X

정답 01.O 02.O 03.X 04.O 05.O 06.X 07.O 08.X 09.O 10.O 11.X 12.O 13.X 14.O

015. 위반행위자가 「질서위반행위규제법 시행령」 제2조의2 제1항 각 호의 어느 하나에 해당하는 경우에는 개별기준에 따른 과태료 금액의 2분의 1의 범위에서 그 금액을 가중하여 부과할 수 있다. O/X

016. 위반행위의 횟수에 따른 과태료의 부과기준은 최근 1년간 같은 위반행위로 과태료를 부과받은 경우에 적용한다. 이 경우 위반행위에 대하여 과태료 부과처분을 한 날과 다시 같은 위반행위를 적발한 날을 기준으로 하여 위반횟수를 계산한다. O/X

017. 실내장식물을 기준에 따라 설치·유지하지 않은 경우 과태료부과의 개별기준은 위반횟수와 관계없이 300만원이다. O/X

018. 다중이용업주가 정기점검결과서를 1년간 보관하지 않은 경우 과태료부과의 개별기준은 위반횟수와 관계없이 100만원이다. O/X

019. 과태료부과의 개별기준에서 안전시설등의 작동·기능에 지장을 주지 아니하는 경미한 사항을 2회 이상 위반한 경우 50만원이며, 소화펌프 등을 고장상태로 방치한 경우 100만원이다. O/X

020. 안전시설 등을 설치하지 않은 경우 과태료부과의 개별기준은 1회 위반 50만원이다. O/X

021. 다중이용업주가 피난안내도를 갖추어 두지 않거나 피난안내에 관한 영상물을 상영하지 않은 경우나 피난시설이나 방화시설을 폐쇄·훼손·변경하는 등의 행위를 한 경우 과태료부과의 개별기준은 1회 위반 50만원, 2회 위반 100만원, 3회 이상 위반은 300만원이다. O/X

022. 다중이용업주에게 안전시설의 보완 등 필요한 조치의 명령을 받은 후 그 정한 기간 이내에 그 명령을 이행하지 아니하는 자에게는 1년 이하의 징역 또는 1천만원 이하의 벌금에 처한다. O/X

023. 소방청장, 소방본부장 또는 소방서장은 이행강제금을 부과하기 전에 이행강제금을 부과·징수한다는 것을 미리 문서로 알려 주어야 한다. O/X

024. 소방청장, 소방본부장 또는 소방서장은 최초의 조치 명령을 한 날을 기준으로 매년 1회의 범위에서 그 조치 명령이 이행될 때까지 반복하여 이행강제금을 부과·징수할 수 있다. O/X

025. 소방청장 등은 이행강제금 부과처분을 받은 자가 이행강제금을 기한까지 납부하지 아니하면 국세 체납처분의 예 또는 「지방행정제재·부과금의 징수 등에 관한 법률」에 따라 징수한다. O/X

026. 이행강제금을 부과하는 위반행위의 종류와 위반 정도에 따른 금액과 이의 제기 절차, 그 밖에 필요한 사항은 대통령령으로 정한다. O/X

027. 이행강제금 부과권자는 위반행위의 동기와 그 결과를 고려하여 개별기준의 이행강제금 부과기준액의 2분의 1까지 경감하여 부과할 수 있다. O/X

028. 이행강제금 부과의 개별기준에서 안전시설 등에 대하여 보완 등 조치명령을 위반한 자로 안전시설 등의 작동·기능에 지장을 주지 아니하는 경미한 사항은 100만원, 안전시설 등을 고장상태로 방치한 경우 500만원, 안전시설 등을 설치하지 아니한 경우는 1,000만원이다. O/X

정답 ○ 15.X 16.○ 17.○ 18.X 19.○ 20.X 21.○ 22.X 23.○ 24.X 25.○ 26.○ 27.○ 28.X

029. 화재안전조사 조치명령 중 다중이용업소의 개수·이전 또는 제거명령을 위반한 경우 이행강제금 부과의 개별 기준은 600만원이다. O/X

030. 이행강제금의 부과·징수절차는 행정안전부령으로 정하며, 이행강제금의 징수절차에 관하여는 「국고금 관리법 시행규칙」을 준용한다. 이 경우 납입고지서에는 이의방법 및 이의기간 등을 함께 적어야 한다. O/X

정답 29. X   30. O

소방전술 I (화재 1) 교·장·위

CHAPTER 01. 화재진압 및 현장활동

001. 화재란 사람의 의도에 반하거나 고의에 의해 발생하는 연소현상으로서 소화시설 등을 사용하여 소화할 필요가 있거나 또는 화학적 또는 물리적인 폭발현상이다. O/X

002. 반소는 건물의 50~70% 미만 소실된 것이며, 부분소는 전소, 반소에 해당되지 아니하는 것으로 소실면적의 30% 미만이다. O/X

003. 화재조사활동 중 본부장 또는 서장이 소방청장에게 긴급히 보고해야 할 대형화재란 사망 5명, 사상자 10명 재산피해액 50억 원 이상이며, 이재민 100명은 중요화재에 속한다. O/X

004. 복사는 화재의 이동경로, 연소확대, 화재의 형태나 특성에 가장 큰 영향을 미치며 대형화재의 대부분은 화재 시 열 이동에 가장 크게 작용하는 대류현상이다. O/X

005. 발화기는 연소가 시작될 때의 시기를 말하며 스파크나 불꽃에 의해 유도형태로만 진행되며 구획실 등에 영향을 받는다. O/X

006. 최성기는 발산되는 연소생성가스의 양과 열은 구획실의 배연구(환기구)의 수와 크기에 의존하지 않으며 구획실 연소에서는 산소공급이 잘 되므로 많은 양의 연소하지 않은 가스가 생성된다. O/X

007. 벽 근처에 있는 가연물들은 비교적 적은 공기를 흡수하고, 보다 높은 화염온도를 지닌다. 구석에 있는 가연물들은 더욱 더 적은 공기를 흡수하고, 가장 높은 화염온도를 지닌다. O/X

008. 구획실의 위치와 형태는 화재의 진행에 영향을 미친다. O/X

009. 아래의 표에서 틀린 곳은 5군데이다. O/X

구 분	백드래프트 현상	플래시오버 현상
① 연소현상	(자유연소상태)	(훈소상태, 불완전연소상태)
② 산 소 량	(상대적으로 산소공급 원활)	(산소 부족)
③ 폭발성유무	(폭발이 아님)	(폭발현상, 충격파,붕괴, 화염폭풍 발생)
④ 확대요인	(열, 축적된 복사열)	(외부유입 공기, 산소)
⑤ 발생시점	(성장기 마지막이자 최성기 시작점)	(성장기, 감퇴기)

010. 플래시오버현상 직전은 자유연소상태이며, 주원인은 산소로서 폭풍이나 충격파가 없다. 소방관은 열 때문에 낮은 자세로 진입하며 F·O 발생 시 2초(1.5m) 이내가 탈출한계이다. O/X

011. 질식소화는 산소를 15% 이하로 낮추며, 제거소화는 차단(격리, 파괴, 이동, 소멸, 감량) 등이다. O/X

012. 냉각소화는 점화에너지를 자연발화가 되지 않게끔 발화점 이하로 낮추는 것이며, 억제소화는 화학적 또는 물리적 소화로서 연쇄반응을 저지시키는 것이다. O/X

013. 소방력의 3요소는 소방대원, 소방장비, 소방수리이다. O/X

014. 공기호흡기, 방호복은 화재진압 장비이다. O/X

정답 01.X 02.X 03.O 04.X 05.X 06.X 07.O 08.X 09.X 10.X 11.O 12.X 13.O 14.X

015. 화재대응매뉴얼은 표준 매뉴얼, 실무 매뉴얼, 특수화재 매뉴얼, 대상별대응 매뉴얼이 있고 지하철은 특수화재 대응매뉴얼이다. O/X

016. 소방본부대상 소방활동검토회의 대상은 대형화재 인명피해는 사망 5명, 사상 10명 이상, 재산피해는 50억 원 이상이며, 이재민 100명 이상이 발생화재는 대형화재가 아니고 중요화재에 속한다. O/X

017. 소방서대상 소방활동검토회의 대상은 인명피해는 사망 3명, 사상자 5명 이상, 재산피해는 1억 5천만 원 이상이다. O/X

018. 검토회의는 화재종료일로부터 10일 이내 개최하며 화재지 관할 소방본부, 소방서에서 한다. O/X

019. 중요화재, 특수화재의 경우 통제관은 관할 소방서장으로 하되 필요한 경우 소방청장이 한다. O/X

020. 건물의 구조별 표시 방법은 목조는 녹색, 방화조는 황색, 내화조는 청색으로 표시한다. O/X

021. 출동대는 소방차의 위치 및 호스를 소정기호로써 소대명을 붙여 다음과 같은 색으로 표시한다. 제1출동대는 적색, 제2출동대는 청색, 제3출동대는 녹색, 응원대는 백색이다. O/X

022. 검토회의의 준비에서 도로는 그 폭원을 미터로 표시하며 방위표시도는 반드시 기입한다. O/X

023. 화재발견 시 및 최초도착 시의 연소범위는 주선으로 구분표시한다. 다만, 현장도착 시의 연소범위는 선착대의 도착 시 상황을 검토 설명하면서 회의장에서 기입하는 것으로 한다. O/X

024. 부득이 고립관창을 배치할 경우에는 대원 2명 이상이 관창을 잡게 해야 한다. O/X

025. 안전관리의 화재에 대한 지식정보에서 복사는 열과 연기를 확산시켜 연소 범위를 확대시키는 가장 흔한 방식이다. 대류는 공간을 통해 열이 사방으로 전달되는 방식으로 화염을 사방으로 확대시키는 대형화재의 주범이다. O/X

026. 전략은 전체적 대응활동계획과 대응활동에 필요한 모든 자원의 활용 및 배치계획을 포함하는 개념이고 / 전술은 1개 단위의 진압대가 현장에서 수행하는 구체적 작전을 말한다. O/X

027. 전략개념의 우선순위는 생명보호 → 외부확대 방지 → 내부확대 방지 → 화점진압 → 재발방지를 위한 점검·조사를 말한다. O/X

028. 소방장비의 정기점검은 일일, 주간, 월간, 연간점검으로 분류된다. O/X

029. 사후인지란 소방기관에 의해 진화된 후 관계자나 주민 등이 발견하거나 화재통보를 수신한 것이다. O/X

030. 출동로는 화재현장으로 안전하고 단거리로 도착할 수 있는 도로를 선정한다. O/X

031. 바닥과 벽, 기둥은 1등급 내화구조에 해당하지만 지붕재료가 가연성으로 지어진 건물은 전술적 안전도 2등급에 해당하는 건물로 분류한다. O/X

032. 건물 붕괴 위험성 평가는 벽, 골조, 바닥층 3가지를 종합적으로 평가한다. / 구체적으로 1등급 내화구조는 바닥층, 2등급 준내화구조는 지붕 붕괴, 3등급 조적조 건물은 벽 붕괴, 4등급 중량목조건물은 바닥과 지붕 연결 붕괴, 5등급 경량목조의 가장 위험한 붕괴요인은 벽 붕괴이다. O/X

정답 15.O 16.O 17.X 18.X 19.X 20.X 21.X 22.O 23.X 24.O 25.X 26.O 27.O 28.X 29.X 30.X 31.O 32.O

033. 옥내외에 연기가 있는 경우는 공조설비 등을 즉시 정지 후 연기가 있는 최하층을 확인한다. `O/X`

034. 화점층에서 화염이 스팬드럴(각층 바닥의 바깥쪽 들보.)보다 높게 나올 때는 창의 개방에 의해서 화염이나 연기가 실내에 유입되는 경우가 있으므로 최대한 개방한다. / 또한 구조대상자 단거리 운반법은 안아올려운반구출, 전진 또는 후퇴 포복구출, 1인 확보 운반구출의 3가지이다. `O/X`

035. 송풍기 활용 배연은 ① 송풍압력으로 건물 외부의 압력보다 건물 내의 압력을 높게 하여 배연하는 방법으로 ② 설치하기가 편리하고 배연의 강도를 조절할 수 있고 ③ 자연환기의 흐름을 보충하기 때문에 수평 및 수직 환기의 효과와 같고 ④ 모든 건물에 응용할 수 있으며 ⑤ 소방대원이 실내에 진입하지 않고도 강제 환기를 시작할 수 있다 ⑥ 일반적으로 개구부의 하단 등 낮은 장소에 설치하여 불어넣는(양성압력형 환기법)방식을 주로 쓰고 지만 ⑦ 때로는 배출구에서 배출가스를 뽑아내는 방식(음성입력형)도 사용한다. `O/X`

036. 최초의 호스는 불길이 배출되고 있는 창문을 향해 방수하며 다층구조 건물화재에서 진입은 임의진입의 중요성 인식한다 또한 소방호스 결속은 5층 이상의 경우는 진입층에서 고정한다. `O/X`

037. 풍속이 3m/sec 이상이 되면 비화발생 위험이 있으므로 풍하측에 비화경계 관창을 배치한다. `O/X`

038. 간접공격법(로이드레만 전법)은 옥내의 온도가 높은 천장을 향하여 주수하며 주수시 개구부는 가능한 크게 하는 것이 위험성이 감소된다. 또한 저속분무는 수손이 적고 소화시간이 짧다. `O/X`

039. 경계구역은 풍속 15m 이상의 경우는 파괴하는 건물의 높이를 반경으로 하고, 풍속 15m 미만인 때는 건물 높이의 1/2 반경으로 한다. `O/X`

040. 연결송수관설비, 연결살수설비와 스프링클러설비의 송수압은 1.5Mpa를 표준으로 운용한다. `O/X`

041. 잔화정리는 주위에서 중심으로, 위층에서 아래층으로, 높은 곳에서 낮은 곳의 순으로 하며, 모르타르 벽 등이 주수해서 곧 마르는 것은 잔화 위험이 있기 때문에 손으로 벽체의 열을 확인한다. `O/X`

042. 목조건축물 관창배치 우선순위는 화재의 뒷면, 측면 및 2층, 1층 순으로 하며 / 바람이 있는 경우 풍하, 풍횡, 풍상의 순으로 하며 / 경사지 등은 높은 쪽, 횡, 낮은 쪽의 순으로 한다. `O/X`

043. 주택화재의 특성은 16시에서 18시까지가 가장 많고 심야에는 적은 편이다. `O/X`

044. 릴리프밸브에서 나는 소리가 커지거나 화염이 거세는 것은 탱크가 곧 폭발한다는 표시이다. 또한 인화성 액체나 기체 가연물 탱크가 화염 충격에 노출되었을 때는 릴리프밸브를 잠글 때까지 최대 유효 사거리에서 직사방수를 해야 한다. `O/X`

045. 물은 유류 및 가스 화재를 소화하는 데 사용한다. 포(foam) 첨가제를 넣지 않은 물은 비중이 낮은 석유제품(휘발유 또는 등유)이나 알코올에는 특별히 효과는 있다. `O/X`

046. 제1류 위험물 중 알칼리금속의 과산화물에의 방수는 절대 엄금이다. `O/X`

047. 제4류의 위험물은 공기보다 무거운 가연성 증기를 발생하여 액온이 인화점 이상인 경우에는 불티나 화재 등의 작은 화원에서도 인화한다. `O/X`

048. BLEVE란 액화가스 폭발로 주로 기상부 강철판이 부분 가열되어 파괴된다. 그 방지법은 탱크 내벽 단열조치, 탱크 외벽에 열전도도가 좋은 물질(알루미늄 합금박판)을 설치 등이 있다. `O/X`

정답 ─ 33.O 34.X 35.O 36.X 37.X 38.X 39.X 40.X 41.O 42.X 43.O 44.O 45.X 46.O 47.O 48.X

049. 전류가 흐르는 전기장치 주위에는 분무방수를 해서는 안 된다. `O/X`

050. 화세보다 현재의 소방력이 부족한 경우 신속히 화점 구획으로 진압한다. `O/X`

051. 화점층이 고층인 경우 소방대 엘리베이터 진입은 화재층 2층 이하까지 이용하고 발화층이 3층 이상인 경우에는 원칙적으로 연결송수관을 활용한다. `O/X`

052. 일반자동차 버스 등의 화재에서 인명구조를 위한 선착대는 가능한 한 차량에 접근하여 비상구의 개방, 창유리의 파괴를 하고 차내에 강력한 직사방수를 한다. `O/X`

053. 전술은 전략적 방침을 실행하기 위한 구체적 방법으로 최상위 현장조직단위에서 적용된다. `O/X`

054. 선박화재에서 여객선의 진입은 풍상에서 실시하되 주수는 분무주수를 주로 한다. `O/X`

055. 항공기 화재에서 위험한 주날개 부근이 화재의 중심에서 주 날개 및 바퀴에의 접근을 피하고, 전투기 이외 항공기 경우는 일반적으로 머리 부분, 풍상, 측면으로 접근한다. `O/X`

056. 수목이 타는 화재를 수관화라 하며 나무의 가지와 잎이 달려있는 부분이 타면 수간화라 한다. `O/X`

057. γ선(감마선)은 물질을 전리하는 힘은 α, β선보다 약하지만 물질의 투과력은 대단히 강해서 외부피폭에도 위험하다. 외부 피폭 방호의 3대 원칙으로는 먼 거리, 짧은 시간, 적합한 차폐이다. 또한 RI(방사선) 부서 위치는 풍상, 높은 장소로 한다. `O/X`

058. 공기호흡기의 면체를 착용 전에 이상을 느낀 경우는 용기의 밸브를 개방하면서 면체를 헐겁게 착용하고 면체 내의 가스를 제거한 후 확실하게 착용한다. `O/X`

059. 지하구란 지하 인공구조물로서 높이가 1.8m 이상, 폭이 2m 이상, 길이가 50m 이상이다. `O/X`

060. 철도터널 화재에서 지상풍의 영향으로 구내의 기류가 양방향으로 흐르기 때문에 가능한 풍하 측에서 진입한 부대는 농연 때문에 활동이 곤란하다. 그리하여 진입은 급기측으로부터 한다. `O/X`

061. 압기공사장 특성은 재해 현장이 상압보다 높으며 산소 분압도 높아서 인화점도 높아지고 연소확대 위험이 높다. `O/X`

062. 공동구계통도 지휘활동의 기본적 구조는 실태파악 → 상황판단 → 결심 → 명령 → 실시 → 측정에서, 다시 실태파악 → 상황판단 → 결심 → 명령 → 실시 → 측정의 공동구로 돌아간다. `O/X`

063. 지휘권 형태는 전진지휘형태, 이동지휘형태, 고정지휘형태의 3가지로 분류되며, 지휘소 위치 선정 시 고려사항에서 눈에 잘 띄고 안전한 곳이며 언론홍보에 용이한 곳이 좋다. `O/X`

정답 49. X 50. X 51. O 52. X 53. X 54. O 55. O 56. X 57. O 58. O 59. X 60. X 61. X 62. X 63. X

소방전술 I (화재 1) 교·장·위

CHAPTER 02. 소방용수시설

001. 물의 증발잠열은 539cal/g 로서 냉각효과가 주 소화이며 불연성 기체로서 체적은 약 1,700배 커져서 연소물 주위에 질식효과도 있다. O/X

002. 소방대의 유효활동 범위 연장 소방호스 10본(150m, 1본: 5m) 이내이나 굴곡을 고려하여 기하학적으로 산출하면 반경 약 100m의 범위 내가 된다. 또한 소방용수는 주거지역, 상업지역 및 공업지역은 100m 이내, 농촌지역은 140m 이내에 설치한다. O/X

003. 소화전의 호스 연결금속구의 구경은 65mm 이상으로 하고, 급수탑의 배관구경은 100mm 이상이며 급수탑의 그 개폐밸브는 1.5m 이상 1.7m 이하에 설치한다. O/X

004. 저수조는 지면으로부터 낙차가 4.5m 이상이며 흡수부분의 수심은 0.5m 이상이다. O/X

005. 흡수관의 투입구가 사각이나 원형의 경우에 길이나 지름이 60cm 이하이다. 저수조에 물을 공급하는 방법은 상수도에 연결하여 자동 혹은 수동으로 급수되는 구조이어야 한다. O/X

006. 소방용수 맨홀뚜껑은 지름 648mm 이상의 것으로 하며 맨홀뚜껑 부근에는 황색반사도료로 폭 15cm의 선을 그 둘레를 따라 칠하며 소방용수표지에 있어서 안쪽 바탕은 적색, / 안쪽 문자는 백색 / 바깥쪽 바탕은 청색, / 바깥쪽 문자는 황색으로 하고 반사재료를 사용한다. O/X

007. 소방본부장 또는 소방서장은 원활한 소방활동을 위하여 소방용수 및 지리조사를 월 1회 이상 실시해야 하며 그 조사결과를 영구히 보관해야 한다. O/X

008. 정당한 사유 없이 소방용수시설 또는 비상소화장치를 사용하거나 소방용수시설 또는 비상소화장치의 효용을 해하거나 그 정당한 사용을 방해한 사람은 5년 이하의 징역 또는 3천만 원 이하의 벌금에 처한다. O/X

009. 상수도 소화용수설비를 설치하여야 하는 특정소방대상물은 연면적 5,000㎡ 이상이거나 가스저장탱크의 합계가 100톤 이상인 것에 해당된다. O/X

010. 화재안전기준에서 1층 및 2층의 바닥면적 합계가 15,000㎡ 이상인 소방대상물의 경우 그 소방대상물의 연면적에서 7,500㎡을 나누어 얻은 수에 20㎥를 곱한 양 이상이 되도록 해야 한다. 또한 채수구는 소방차가 2m 이내에 접근하도록 설치해야 하며 높이는 0.5m 이상 1m 이하에 설치하고 소요수량이 100㎥ 이상일 때는 3개의 채수구가 필요하다. O/X

011. 수조 깊이 4.5m 이상인 지하 가압송수장치는 100㎥ 이상일 때 1분당 양수량은 3,300 L 이상이다. O/X

012. 상수도 설치기준은 호칭지름 75mm 이상의 수도배관에 호칭지름 100mm 이상의 소화전을 접속하며 소방대상물의 수평투영면의 각 부분으로부터 140m 이하가 되도록 설치하여야 한다. O/X

정답 01.O 02.O 03.X 04.X 05.X 06.O 07.X 08.X 09.O 10.O 11.O 12.O

소방전술 I (화재 1) 교·장·위

CHAPTER 03. 특수소방자동차

001. 디젤엔진은 경유(디젤)를 주 연료로 하여 점화 착화 방식을 이용하여 동력을 얻으며 높은 엔진 회전수에서 낮은 토크를 얻는다. O/X

002. 냉각장치는 온도가 과도하게 높아지면 부품 재료의 강도가 저하되어 고장이 생기거나, 수명이 단축되고, 연소 상태도 나빠져 노킹이 되며 조기 점화되지 않는다. O/X

003. 동력인출장치 종류는 수동변속기 P.T.O 자동변속기 P.T.O 복합 P.T.O가 있다. O/X

004. 펌프의 종류는 왕복펌프, 원심펌프, 사류펌프, 축류펌프, 회전펌프, 특수펌프가 있으며, 원심펌프는 자흡을 할 수 없어 마중물장치(진공펌프)를 설치해야 하며 회전수 변화가 배출량의 변화에 미치는 영향이 다른 종류의 펌프보다 작고 값이 비싸다. O/X

005. 공동현상 방지대책은 소방펌프 흡수량을 낮추고, 소방펌프의 회전수도 낮춘다. O/X

006. 진공펌프의 작동원리 흡입 → 압축 → 팽창 → 배기 순이다. O/X

007. 진공펌프가 작동되면 지수밸브 내부는 진공상태가 되어 밸브는 아래쪽으로 내려가서 닫힌다. O/X

008. 지수밸브가 필요한 이유 중 또 하나가 양수해서 펌프 속에 물이 있는 상태로 방수를 하지 않을 때 물이 다시 빠지지 않도록 유지해 연속적인 방수가 가능하도록 한다. O/X

009. 대기압 이상의 압력과 이하의 압력(진공압력)을 계측하는 양쪽의 계측 장치를 장착한 계측기를 연성계라고 한다. 진공도가 급격히 상승하는 것은 스트레이너 등이 오물이나 찌꺼기 등으로 막혀있으므로 즉시 점검한다. O/X

010. 방수포는 수평으로 360° 회전, 상방으로 75°, 하방으로 30°의 범위로 방수할 수 있다. O/X

011. 소방차 펌프기준 배관 및 밸브 등의 위치에서 흡입측에는 메인밸브, 배수밸브, 흡수구, 포수용액 주입구, 중계구, 연성계를 둔다. O/X

012. 압축공기포는 소화 효과가 매우 뛰어나고 부착성이 우수하고 높은 분사 속도로 원거리 방수가 가능하며 물 사용량을 1/7 이상으로 줄여 수손 피해를 최소화할 수 있다. O/X

013. 고가굴절사다리차는 장비 설치 시 전후좌우 최대 5도 이상 기울이지 않으며, 모든 전선으로부터 최소 5m 이상 거리를 유지하여야 한다. O/X

정답 ○— 01. X 02. X 03. O 04. X 05. X 06. X 07. X 08. X 09. O 10. O 11. O 12. O 13. O

소방전술Ⅰ (화재 2) 교·장·위

CHAPTER 04. 현장안전관리

001. 안전관리의 목표는 인명존중, 안전한 소방활동, 사회적 신뢰확립이 있다. O/X

002. 소방안전관리의 특성은 일반성·적극성, 특이성·양면성, 계속성·반복성이 있다. O/X

003. 하인리히의 최초 도미노 재해 이론은 ① 사회적 환경 및 유전적 요인 → ② 개인적 결함 → ③ 불안전 행동 및 불안전 상태 → 사고 → ⑤ 상해 순이다. O/X

004. 버드의 이론은 ① 제어의 부족 → ② 기본원인 → ③ 직접원인 → 사고 → ⑤ 상해 순이다. O/X

005. 재해의 기본원인 4개의 M은 Man(인간), Machine(기계), Media(작업), Management(관리)가 있다. O/X

006. 재해예방의 4원칙은 예방 가능의 원칙, 손실 우연의 원칙, 원인 연계의 원칙, 대책선정의 원칙이 있으며, 사고예방대책의 기본원리 5단계는 안전조직(조직체계확립) → 사실의 발견(현황파악) → 분석 평가(원인규명) → 시정방법의 선정(대책선정) → 시정책의 적용(목표달성)이 있다. O/X

007. 안전교육의 목표는 소방대원에 대한 ① 의식(정신)의 안전화 ② 행동의 안전화 ③ 기계·기구의 안전화의 3가지 정도로 요약하여 실시한다. O/X

008. 위험예지훈련의 토론은 상대방의 발언에 대하여 비판은 하지 않아야 하며 논의는 하며 양보다는 질을 중요시 한다. O/X

009. 위험예지훈련 훈련시트 작성에서 한 장의 시트에 여러 가지 상황을 기입하며 아주 자세한 부분까지 그려 넣는다. O/X

010. 스트레스의 징후(Sign)는 면역기능의 약화, 사고의 발생 가능성 증가가 있다. O/X

011. 소방공무원의 훈련을 실시할 때 바람직한 교육생과 교관의 비율은 5명 : 1명이다. O/X

012. 긴급자동차란 소방차, 구급차, 혈액공급차량 그 밖의 대통령령이 정하는 자동차(예: 업무 중인 경찰차)로서 긴급자동차로서의 특례혜택을 받기 위해서는 반드시 경광등이나 사이렌을 울리거나 또는 전조등을 점등한 상태이어야 한다. O/X

013. 보호구 선정조건은 종류, 형상, 성능, 수량, 강도이다. O/X

정답 01. O 02. X 03. O 04. O 05. O 06. O 07. O 08. X 09. X 10. O 11. O 12. O 13. O

소방전술 I (화재 1) 교·장·위

CHAPTER 05. 화재조사실무

001. 연소현상이 없는 보일러 내압조 파열 등 물리적인 파열은 폭발화재로 정의한다. O/X

002. 화재피해조사 중 재산피해조사에서 소실피해는 열에 의한 탄화, 용융, 파손, 화재 중 발생한 폭발 등에 의한 피해 등이 있다. O/X

003. 화재조사의 특징은 신속성, 정밀과학성, 안정성, 강제성, 보존성, 현장성, 프리즘식이 있다. O/X

004. 화재조사의 과학적 방법에서 가설의 개발은 귀납적 추론이고, 가설의 검증은 연역적 추론의 원칙에 따라 수행되어야 한다. O/X

005. 공구 및 기구·집기비품·가재도구를 일괄하여 재구입비를 산정하는 경우 개별 품목의 경과연수에 의한 잔가율이 50%를 초과하더라도 50%로 수정할 수 있으며, 중고구입 기계장치 및 집기비품으로서 그 제작년도를 알 수 없는 경우에는 그 상태에 따라 신품가액의 30%~50%를 잔가율로 정한다. O/X

006. "발화열원"이란 발화의 최초원인이 된 불꽃 또는 열을 말한다. / "발화지점"이란 열원과 가연물이 상호작용하여 화재가 시작된 지점을 말한다. / "발화장소"란 화재가 발생한 장소를 말한다. O/X

007. 반소는 건물의 30% 이상 50% 미만이 소실된 것이며 부분소는 30% 미만의 소실이다. O/X

008. 동일범에 의한 방화, 불장난은 동일 대상물에서 발화했더라도 각각 별건의 화재로 한다. 화재 범위가 2이상의 관할구역에 걸친 화재에 대해서는 발화 소방대상물의 소재지를 관할하는 소방서에서 1건의 화재로 한다. O/X

009. 화재현장에서 부상을 당한 후 48시간 이내에 사망한 경우에는 해당 화재로 인한 사망자로 보며 중상은 3주 이상의 치료를 필요로 하는 부상으로 본다. O/X

010. 소실정도(%)를 전소, 반소, 부분소를 구분하는 방법은 입체면적으로 한다. 건물의 소실면적(㎡)산정은 소실바닥면적으로 한다. O/X

011. 화재조사결과 보고는 긴급상황보고에 해당하는 화재는 화재 인지로부터 30일 이내, / 다만, 화재의 정확한 조사를 위하여 조사기간이 필요한 때는 총 50일 이내이고, / 일반 화재는 화재 인지로부터 15일 이내, / 감정기관에 감정의뢰 시 감정결과서를 받은 날로부터 10일 이내에 조사결과를 보고하고 기록을 유지한다. O/X

012. 화재조사서류 작성시 유의사항은 간결 명료한 문장(전문용어는 별개로), 오자 탈자 등이 없는 문서로, 필요한 서류(사진 포함)의 첨부하며 각 양식 작성 목적을 별도로 하지 않는다. O/X

013. 관찰·확인사실의 객관적인 기재에서 현장조사서에는 주관적 판단이나 조사자가 의도하는 결론으로 유도하는 기재방법도 기재한다. O/X

정답 01.X 02.O 03.O 04.O 05.O 06.O 07.X 08.X 09.X 10.O 11.O 12.X 13.X

소방전술 II (구조) 교·장·위

CHAPTER 06. 구조개론 등

001. 특수구조대 종류는 화학, 수상, 고속국도, 산악, 지하철 구조대가 있다. O/X

002. 구조활동의 첫 번째 순서는 2차재해의 발생위험을 제거한다. O/X

003. '구조거절 확인서'를 작성하여 소속 소방관서장에게 보고하고 2년간 보관해야 한다. O/X

004. 엔진동력 장비 4행정기관인 유압펌프, 이동식펌프의 경우 엔진오일을 별도로 주입하고 2행정기관은 체인톱, 발전기, 동력절단기의 경우 전용엔진오일 사용한다. O/X

005. 합성섬유 로프 중 케블러는 내열성과 내충격력이 가장 높지만 인장강도는 약한편이다. O/X

006. 로프는 사용 횟수와 무관하게 강도가 저하된다. 특히 4년 경과시부터 강도가 급속히 저하된다. 가끔 사용하는 로프도 4년이면 교체하도록 한다. 그래서 UIAA 권고사항에서 4년 이상 경과된 로프는 폐기한다. O/X

007. 중량물장비인 유압엔진펌프를 사용시는 펌프의 압력이나 장비의 이상 유무를 점검할 때에는 반드시 유압호스에 장비를 분리하고 확인하며 사용후에는 유압밸브를 잠그고 시동을 꺼야한다. O/X

008. 한겹매듭, 두겹매듭은 굵기가 다른 로프를 결합할 때에 사용하며, / 8자연결매듭은 많은 힘을 받을 수 있고 힘이 가해진 경우에도 풀기가 쉬우며, / 피셔맨매듭은 풀기가 매우 어려워 장시간 고정시켜 두는 경우에 주로 사용하고, / 바른매듭은 묶고 풀기가 쉬우며 같은 굵기의 로프를 연결하기에 적합한 매듭이다. O/X

009. 현수로프 설치에서 로프는 안전을 위하여 두 겹으로 사용하는 것을 원칙으로 하고, 특히 직경 9㎜ 이하의 로프는 충격력과 인장강도가 떨어지고 손에 잡기도 곤란하므로 반드시 두 겹으로 한다. O/X

010. UIAA(국제산악연맹)에서 권장하는 가장 좋은 신체확보 방법은 허리확보이며, 신체감기 하강에서는 경사면 하강보다는 수직면에서 하강할 경우에 활용도가 높은 방법이다. O/X

011. 구조대상자를 긴급히 이동시켜야 하는 경우에는 신체의 일부가 아닌 전체(제2경추)를 잡아당겨야 하며 구조대상자가 바닥에 누워있을 경우 목이나 어깨 부위의 옷깃을 잡아끄는 것이 좋다. O/X

012. 구조차량의 주차는 구조대원이나 장비가 쉽게 도달할 수 있게끔 가까운 곳에 사고장소 후면에 주차하고 최소한 한 개 차로 통행로는 확보한다. / 직선도로인 경우 구조대원이 활동할 수 있도록 15m 정도의 공간을 확보하고 주차하며 유도표지의 설치는 도로의 제한속도와 반비례한다. O/X

013. 에어백은 단단한 표면에 놓는다. 에어백을 겹쳐서 사용할 때에는 2층을 초과하지 않도록 한다. 작은 백을 위에 놓고 큰 백을 아래에 놓는다. 에어백이 필요한 높이까지 부풀어 오르면 버팀목을 완전히 끼우고 공기를 조금 빼내서 에어백과 버팀목으로 하중이 분산되도록 한다. O/X

014. 다이버가 수면 위에서 1분에 15 L 의 공기가 필요 시 수심 20m에서는 45 L 공기가 필요하다. O/X

정답 01.X 02.X 03.O 04.O 05.O 06.X 07.X 08.O 09.O 10.X 11.O 12.X 13.O 14.O

015. '실제잠수시간'은 수면에서 하강하여 최대수심에서 활동하다가 상승을 시작할 때까지의 시간이며, '재잠수시간'은 스쿠버 잠수 후 10분 이후에서부터 12시간 내에 실행되는 스쿠버 잠수를 말하고 '최대잠수가능조정시간'이란 최대 잠수 가능시간에서 잔류질소시간을 뺀 나머지 시간이다.
또한 '안전정지'란 스쿠버잠수 후 상승할 때에 상승속도 완화를 위해서 수심 5m 지점에서 약 5분간 정지하는 시간으로 잠수시간 및 수면휴식 시간에 포함시키지 않으며 감압과는 무관하다. O/X

016. 줄을 사용하는 탐색형태는 소용돌이탐색, 등고선탐색, U자탐색이 있다. O/X

017. 콘크리트는 약 300℃에서 강도가 저하되기 시작하는데 힘을 받고 있지 않은 경우에 강도 저하가 더 심하게 일어나며 응력(변형력)이 미리 가해진 상태에서는 온도영향을 늦게 받는다. / 철근 콘크리트 중의 콘크리트는 인장력을 받으며, 철근은 압축력을 받는다. O/X

018. 경사형 붕괴는 마주보는 두 외벽 중 하나가 결함이 있을 때 발생하며 팬케이크형 붕괴는 마주보는 두 외벽에 모두 결함이 발생하고 V자형 붕괴는 무거운 물건들이 바닥 중심부에 집중되었을 때이며, 캔틸레버형 붕괴는 각 붕괴의 유형 중에서 가장 안전하지 못하고 2차 붕괴에 가장 취약한 유형이다. O/X

019. 엘리베이터의 와이어로프 강도는 최대하중의 10배 이상의 안전율이며, 만일 로프가 끊어져도 평소 이동 속도의 1.4배 이상에서 작동되는 브레이크 장치로 인해 추락하지는 않는다. / 전자브레이크는 스프링 압력에 의해 브레이크슈로 브레이크휠을 조여서 엘리베이터가 확실히 정지하도록 한다. / 조속기는 속도를 조절하는 장치이며 / 리미트스위치는 최상층 및 최하층에 근접할 때에, 자동적으로 엘리베이터를 정지시켜 과주행을 방지하며 / 파이널 리미트스위치는 리미트스위치가 작동하지 않을 경우를 대비해 모든 전기회로를 끊고 엘리베이터를 정지시키는 장치이며, / 만일 내부 불이 정전시 정전등은 바닥 면에 1룩스 이상의 밝기이며 그 조도 유지시간은 1시간 이상이 적당하다. O/X

020. 119생활안전대 업무특성은 활동영역의 다양성, 비긴급성과 잠재적 위험성, 주민밀접성, 관련법령의 다양성의 4가지로 구분한다. O/X

021. 소방 안전관리의 특성은 일반성·전문성, 특이성·양면성, 계속성·반복성으로 분류한다. O/X

022. 구조·구급요청의 거절에서 단순치통환자, 단순감기환자 등 단순환자는 모두 거절할 수 있다. O/X

정답 ▸ 15.O 16.X 17.X 18.O 19.O 20.O 21.X 22.X

소방전술 III (구급) 교·장·위

CHAPTER 07. 응급의료 개론 및 장비운영

001. 묵시적동의는 환자가 합리적인 결정을 하도록 필요한 모든 사실을 설명한 후에 환자로부터 얻는 동의로서 구두 동의는 증명되기는 어렵지만, 법적으로 유효하며 구속력을 갖는다. O/X

002. 죽음에 대한 정서반응순서는 ❶ 부정 - ❷ 분노 - ❸ 협상 - ❹ 우울 – ❺ 수용 순이다. O/X

003. 후천성면역결핍증(AIDS)의 정액을 포함한 성관계, 침, 혈액, 소변 등 배설물로 감염되며 잠복기는 몇 개월 또는 몇 년이 된다. O/X

004. 사용한 주사바늘은 다시 뚜껑을 씌우거나, 구부리거나, 자르지 말고 그대로 주사바늘통에 즉시 버린다. O/X

005. 공기에 의한 전파는 폐렴, 인두염, 뇌수막염, 중이염, 풍진, 부비동염, 인플루엔자, 패혈증, 유행성 귀밑샘염(유행성 이하선염), 결핵, 백일해 등이다. O/X

006. 성인 척추는 38개의 척추골로 구성되어 있고 5부분 중 목뼈 7개, 등뼈 12개, 허리뼈 5개, 엉치뼈 1개, 꼬리뼈 1개로 나눌 수 있다. O/X

007. 들숨은 능동적 과정으로 가로막과 갈비사이근(늑간근)의 수축으로 이루어지며 두 근육이 수축하면 가로막은 아래로 내려가고 갈비뼈는 위와 밖으로 팽창한다. 즉, 가슴을 팽창시키는 과정이며, 날숨은 수동적인 과정으로 가로막과 갈비사이근의 이완으로 나타나며 두 근육이 이완되면 가로막은 올라가고 갈비뼈는 아래로 내려오면서 수축한다. 즉, 가슴을 수축시키는 과정이다. O/X

008. 최초 도착 시 차량 배치요령에서 차량화재가 있는 경우에는 화재차량으로부터 30m 밖에 위치시키고 폭발물이나 유류를 적재한 차량으로부터는 600~800m 밖에 위치한다. O/X

009. START 분류법에서 긴급환자는 의식 명료, 호흡수 30회/분 이하이며, 평가는 RPM으로 한다. O/X

010. 주 들것은 다리가 진행 방향으로 와야 하며, 분리형 들것은 척추손상환자에게 사용 가능하다. O/X

011. 입인두기도기는 구토를 하지 않는 무의식환자에게 사용하는 게 좋다. O/X

012. 비재호흡마스크는 체크(양방향)밸브가 있으며, 벤튜리마스크는 COPD 환자에게 유용하다. O/X

013. 응급의료종사자란 의료인과 응급구조사를 말한다. O/X

정답 01.X 02.O 03.O 04.O 05.X 06.X 07.O 08.O 09.X 10.X 11.O 12.X 13.O

소방전술 Ⅲ (구급) 교·장·위

CHAPTER 08. 임상응급의학 (소방교)

001. SAMPLE력 기본 생체징후는 맥박, 호흡, 혈압, 피부상태 등을 포함하며 그 중 Signs/Symptoms은 질병의 증상 및 징후이며, Medications은 현재 복용 중인 약물을 말한다. O/X

002. 1차 평가의 단계는 첫인상 – 의식수준 – 기도 – 순환 – 호흡 – 위급정도 판단이다. O/X

003. S(Signs/Symptoms)는 증상 및 징후이다. 여기서 징후는 구급대원이 문진, 시진, 청진, 촉진 등을 이용해서 알아낸 객관적인 사실이다. O/X

004. 입인두기도기를 사용 시 환자의 입 가장자리에서 귓불까지 또는 입 가운데에서 아래턱각까지의 길이를 재어서 선정하며, 코인두기도기는 콧구멍보다 약간 작은 것을 선택한다. O/X

005. 흡인카테터로 흡인 시 성인의 경우 한 번에 15초 이상 흡인해서는 안 된다. O/X

006. 정상 호흡에서 성인 12~20회/분, 아동 15~30회/분, 유아 25~50회/분 정도이다. O/X

007. 날숨은 근육이 이완될 때 일어나며 흉강(가슴) 크기는 작아지고 갈비뼈는 아래로 내려가고 수축되며 가로막은 올라간다. O/X

008. 1도화상은 표피층 화상으로 붉은색 피부를 갖게되며 통증은 없다. O/X

009. 화상에서 중증은 체표면적 10% 이상 3도화상인 모든 환자이며, 중등도는 체표면적 2% 이상~10% 미만의 3도화상인 모든 환자, 경증은 체표면적 2% 미만의 3도화상인 모든 환자이다. O/X

010. 경성부목의 종류로는 알루미늄부목, 골절부목, 박스부목, 성형부목, 철사부목 등이 있다. O/X

011. 감압병은 공기 중에 약 70%를 차지하는 질소가스가 조직과 혈류 내에 축적되면서 발생한다. / 보통 빠르게 상승할 때 발생하며 증상이 나타나는 시간은 30분 이내에 50%, 1시간 이내에 85%, 3시간 이내에 95%가 나타난다. / 그 감압병 예방법으로는 수심 30m 이상 잠수하지 않으며, 상승 시 1분당 9m의 상승속도를 준수하는 것이다. O/X

012. 심폐소생술이 시행된 환자의 약 25%에서는 심각한 합병증이 발생하며, 약 30%에서는 치명적인 손상이 발생한다. 가장 흔히 발생하는 합병증은 갈비뼈골절로서 약 40%에서 발생된다. O/X

정답 01.O 02.X 03.X 04.O 05.O 06.O 07.O 08.X 09.O 10.O 11.O 12.O

소방전술

CHAPTER 09. 소화약제 등 (장·위)

001. 소화약제는 크게 수계와 가스계로 구분하는데, 분말소화약제는 수계로 구분된다. `O/X`

002. 0℃의 얼음 1g이 0℃의 액체 물로 변하는 데 필요한 용융열(용융잠열)은 79.7㎈/g이다. 100℃의 액체 물 1g을 100℃의 수증기로 만드는 데 필요한 열량인 증발잠열(기화열)은 639.6㎈/g이다. `O/X`

003. 물의 비중은 1atm기준 4℃일 때 0.99로 가장 무거우며 4℃보다 높거나 낮아도 작아진다. `O/X`

004. 포 소화효과는 질식효과, 냉각효과, 열의 이동차단, 주변공기 배출, 가연성 증기 생성억제이다. `O/X`

005. 단백포는 내열성이 우수하고, 유면 봉쇄성이 좋으나 유동성이 나쁘고, 유류를 오염시키며 더불어서 수성막포와 불화단백포는 표면하주입방식에 적합하다. `O/X`

006. 이산화탄소의 주된 소화 효과는 질식효과이다. 표면화재에는 우수한 효과를 나타내나 심부 화재에 사용하는 경우에는 재발화의 위험성이 있다. `O/X`

007. 이산화탄소는 무색, 무취이며 전기적으로 비전도성이고 공기보다 약 1.5배 정도 무거운 기체이다. 전기설비, 주차장, 특수가연물 등에 사용되지만 제4류 위험물 등에는 사용이 안 된다. `O/X`

008. Halon(할론)은 연쇄반응을 차단하는 부촉매 효과로서 현재 Halon 1301, Halon 1211, Halon 2402가 가장 많이 사용되고 있다. `O/X`

009. Halon에서 불소는 전기 음성도가 가장 큰 물질이다. 때문에 결합 길이도 짧고 결합력도 강해지며 전기 음성도가 커서 모든 원소 중에서 산화력이 가장 크다. 또한 불소는 불연성이며 대기 중 분해되지 않는 안정성이 있으며 탄소-불소 사이의 결합력이 강해 독성이 적다. `O/X`

010. 할로겐화합물 소화약제는 헬륨·네온·아르곤·질소 중 하나 이상의 원소를 기본 성분으로 한다. `O/X`

011. LOAEL은 농도를 감소시킬 때 악영향을 감지할 수 있는 최소농도이다. `O/X`

012. 제2종 분말소화약제 성분은 담회색 가루의 탄산수소칼륨으로 알칼리금속에서 화학적 소화효과는 원자 번호에 의해 Cs 〉 Rb 〉 K 〉 Na 〉 Li의 순서대로 커진다. `O/X`

013. 제3종 분말소화약제 성분은 담홍색 가루 제1인산암모늄이며 방사시 메타인산 등의 생성으로 냉각, 질식, 방진, 부촉매, 열방사 차단, 탈수·탄화작용이 있으나 비누화작용은 일으키지 않는다. `O/X`

정답 01.X 02.X 03.O 04.O 05.O 06.O 07.X 08.O 09.O 10.X 11.O 12.O 13.O

소방전술

CHAPTER 10. 연소이론 (장·위)

001. 연탄・목재・종이・짚 등은 불꽃 연소만 하며 표면(불씨)연소는 발생하지 않는다. O/X

002. 가연성 증기와 공기와의 혼합상태에서의 증기의 부피를 말하는데 공기 중 혼합물 중 가연성 가스의 농도가 너무 희박해도, 너무 농후해도 연소는 일어나지 않는다. O/X

003. 가연물의 구비조건에서 최소 에너지의 값과 열전도 값이 적어야 하며 표면적이 큰 물질이어야 한다. 여기서 열전도율은 기체 〈 액체 〈 고체 순이며, 표면적은 기체 〉 액체 〉 고체 순이다. O/X

004. 정전기 방지를 위한 예방대책은 습도가 낮거나 압력이 높을 때 많이 발생하므로 상대습도를 70% 이상으로 하며 전기의 저항이 큰 물질은 대전이 용이하므로 전도체 물질을 사용한다. O/X

005. 고체의 표면연소는 목탄, 코우크스, 금속 등이며, 증발연소는 황(유황), 나프탈렌, 파라핀(양초) 등이 있고 분해연소는 목재・석탄・종이・섬유・프라스틱・합성수지・고무류 등이 있다. O/X

006. 역화는 연소속도보다 혼합가스의 가스 분출속도가 느릴 때이며 버너의 과열 등이 있다. O/X

007. CO는 무색・무취・무미의 환원성 가스로서 300℃ 이상 열분해 시 발생한다. 3%~75%가 폭발한계로서 푸른 불꽃을 내며 타지만 다른 가스의 연소는 돕지 않는다. 허용농도는 50ppm이다. O/X

008. 황화수소(H_2S)는 황(유황) 화합물이 불완전연소 하면 발생하는데 달걀 썩은 냄새가 난다. O/X

009. 중성대를 위쪽으로 올리기 위해선 개구부 위치는 지붕 중앙부분 파괴가 가장 효과적이며, 그다음으로 지붕의 가장자리 파괴, 상층부 개구부의 파괴 순서이다. O/X

010. 폭발물질의 물리적 상태에 따라서 기상폭발과 응상폭발로 구분하며, 그 중 응상폭발의 종류는 가스폭발(혼합가스폭발), 가스의 분해폭발, 분무폭발, 분진폭발이 있다. O/X

011. 분진폭발은 연소속도나 폭발압력은 가스폭발에 비교하여 작으나 연소시간이 길고, 에너지가 크기 때문에 파괴력과 타는 정도가 크다. O/X

012. 폭굉(Detonation)은 초음속이며 1,000~3,500㎧ 정도로 빠르며, 이때의 압력은 약 100MP이다. 압력상승이 폭연의 경우보다 10배 이상이다. O/X

013. BLEVE란 비등점이 높은 인화성 액체탱크가 화염에 노출되면 과열된 액체가 폭발적으로 증발하는 현상을 말한다. O/X

정답 01.X 02.O 03.O 04.X 05.O 06.O 07.O 08.O 09.O 10.X 11.O 12.O 13.X

소방전술

CHAPTER 11. 위험물성상 (장·위)

001. 제2류 위험물(가연성 고체)는 화염에 의해 착화하기 쉬운 고체 또는 비교적 낮은 온도인 섭씨 40도 이상에서 인화하기 쉬운 고체로서 발화하기 쉽고, 연소가 빨라 소화가 곤란한 물질이다. O/X

002. ① "알코올류"란 1분자를 구성하는 탄소원자의 수가 1개~3개까지인 포화1가 알코올(변성알코올을 포함)을 말한다. ② 또한 알코올의 함유량이 60% 미만이며, 지정수량은 400리터이다. O/X

003. 위험물안전관리법 시행령 별표1에서 "행정안전부령이 정하는 것" 중 제6류 위험물은 액체인 할로겐간화합물이며 지정수량은 300㎏이다. O/X

004. 환원제는 다른 물질을 환원시키고 자신은 산화되는 물질이며 산화제는 다른 물질을 산화시키고 자신은 환원되는 물질이다. O/X

005. 제1류 위험물은 가열, 충격, 마찰 등으로 분해하여 O_2를 발생하며 대부분 무기화합물로서 무색결정이거나 백색가루로서 물보다 무거우며 물에 녹는 것이 많고 수용액에서도 산화성이 있다. O/X

006. 제2류 위험물은 환원제로서 소화방법은 ① 황화린은 CO_2, 마른 모래, 건조분말에 의한 질식소화를 한다. ② 철분, 금속분, 마그네슘은 마른 모래, 건조분말, 금속화재용 분말소화약제를 사용하여 질식 소화한다. ③ 적린, 유황, 인화성 체는 물을 이용한 냉각소화가 적당하다. O/X

007. 제3류 위험물은 무기화합물과 유기화합물로 구성되어 있다. 알칼리금속(K, Na 제외)과 알칼리토금속은 자연발화성이 없는 금수성 물질이다. / 저장방법은 ① 칼륨, 나트륨, 알칼리금속, 알칼리토금속은 보호액(석유)속에 보관한다. ② 알킬알루미늄, 알킬리튬은 물 또는 공기와 접촉하면 폭발한다.(헥산 속에 저장), ③ 황린은 공기와 접촉하면 자연발화한다.(pH9의 물속에 저장)한다. O/X

008. 제4류 위험물은 주로 물보다 가볍고 비수용성으로서 물에 녹지 않는 것이 많다. 전기의 불량도체(부도체)로서 대부분의 증기비중은 공기보다 무겁다. O/X

009. 제5류 위험물은 대부분이 비수용성으로 물과 반응하지 않는다. 분자 내 산소를 함유하므로 공기 중 산소없이 스스로 연소할 수 있다. 화약, 폭약의 원료로 많이 쓰인다. 소화방법은 물질이 산소를 함유하고 있기 때문에 질식소화는 효과가 없으며, 다량의 물로 냉각소화하는 것이 적당하다. O/X

010. 제6류 위험물은 대량화재는 다량의 물로 희석할 수 있지만 원칙은 물을 사용하면 안 된다. O/X

정답 01. X 02. X 03. O 04. O 05. O 06. O 07. O 08. O 09. O 10. X

소방전술

CHAPTER 12. 임상응급의학 (장·위)

001. 재평가는 위급한 환자는 매 5분마다 실시하고 의식이 있는 환자는 매 15분마다 실시한다. `O/X`

002. 의식수준 평가에서 V(언어지시에 반응)는 질문에 적절한 반응이나 대답은 할 수 없으나 소리나 고함에 소리로 반응하는 상태로서 신음소리는 제외한다. `O/X`

003. 기도평가에서 비 외상 환자인 경우 머리기울임/턱 들어올리기법을 실시해야 하며, 외상환자는 턱 밀어올리기법을 실시해야 한다. `O/X`

004. 머리기울임/턱 들어올리기는 혀로 인한 기도폐쇄에 가장 좋은 방법이며, 턱밀어올리기(하악견인법) 의식이 없는 환자이거나 척추손상이 의심될 경우 사용하는 방법이다. `O/X`

005. 구토반사가 없는 무의식환자인 경우에만 입인두기도기를 사용할 수 있다. 구토반사는 무의식 환자에게는 보통 일어나지 않는다. 크기는 환자의 입 가장자리에서 다른 쪽 귓불까지 또는 입 가운데에서(누워 있는 상태에서 입의 가장 튀어나온 윗부분) 아래턱각까지 길이를 재어 선택한다. `O/X`

006. BVM는 산소 15 L/분의 산소를 연결시키고 밸브는 비재호흡 기능을 갖고 있다. 백은 크기에 따라 다르지만 1~1.6 L를 보유할 수 있으며 한번 공급하는 량은 적어도 0.5 L가 되어야 한다. `O/X`

007. OPQRST식 문진에서 O(Onset)의 의미는 얼마나 오랫동안 통증이 지속됐는지?를 의미하고, T(Time)은 언제 통증이 시작됐는지를 의미한다. `O/X`

008. 충수돌기염(꼬리염)환자는 오심, 구토가 있으며 처음에는 배꼽부위 통증을 호소하다 RUQ 부위의 지속적인 통증을 호소한다. / 담낭염(쓸개염), 담석환자는 심한 통증 및 때때로 갑작스런 윗배 또는 RLQ 통증을 호소한다. 이러한 통증을 어깨 또는 등쪽에서도 나타날 수 있다. `O/X`

009. 오른심방은 압력이 낮고 주요 정맥으로부터 혈액을 받아들여 산소교환을 위해 허파(폐)로 보내고, / 왼심방은 허파로부터 그 혈액을 받아들이고 왼심실은 고압으로 동맥을 통해 피를 뿜어낸다. 왼심실의 작용으로 생기는 힘은 맥박을 형성하고 이는 뼈 위를 지나가는 동맥에서 촉지할 수 있다. `O/X`

010. 관통상은 관통한 물체를 제거하고 상처부위에 고정시킨다. `O/X`

011. 머리뼈는 이마뼈, 뒤통수뼈, 마루뼈, 관자뼈 등이 있으며, 뇌머리뼈와 얼굴뼈 총 22개이다. `O/X`

012. 당뇨환자는 인체 세포가 인슐린에 적절히 반응하지 못하는 노인환자 대부분이 I형 환자이다. `O/X`

정답 01.O 02.X 03.O 04.O 05.X 06.O 07.X 08.X 09.O 10.O 11.O 12.X

소방전술

CHAPTER 13. 재난현장표준작전절차 (소방위)

001. 현장지휘소 설치기준(SOP 101)에 따른 현장지휘소 위치선정에는 "Hot Zone(위험지역), Warm Zone(중립지역), Cold Zone(안전지역)"을 고려한다. O/X

002. 현장지휘소 설치 위치는 가시성이 있는 곳, 차폐성이 좋을 것, 독립성이 확보될 것, 확장성이 가능한 곳, 홍보성이 있는 곳 등이다. O/X

003. 발화점 확인방법에서 수개 층에 연기가 차 있는 경우 인명고립이 접수된 층부터 확인한다. 지상은 직하층, 지하는 직상층으로 진입한다. O/X

004. 인명탐색 방법은 우선탐색, 교차탐색, 정밀탐색이 있다. O/X

005. 구조대상자를 발견한 경우 즉시 구조활동에 임한 후 지휘자에게 보고한다. O/X

006. 풀 파이어(Pool fire)는 누출된 인화성액체가 고여 있는 곳이나 위험물 탱크에서 화재가 발생한 상황이다. O/X

007. 파이어볼(fire ball)은 BLEVE현상에 이어 점화되면서 폭음과 강력한 복사열을 동반하는 화구(火球)가 버섯모양으로 부상되는 현상이며 탱크폭발의 위험반경은 약 150m이다. O/X

008. 친환경 차량(하이브리드 차량, 전기차량, 플러그인 하이브리드 차량)에서 발화기는 일반적으로 주수 및 ABC분말 소화에 의한 화재진압을 할 수 없다 O/X

009. 구조현장대응 안전대책의 우선 순위는 인명안전 ➡ 대원안전 ➡ 사고의 안정화이다. O/X

010. 등검은 말벌은 토종 말벌보다 벌 개체수가 많고 공격 성향이 높아 위험하고, 장수말벌은 독의 양이 많아 치명적이며 땅벌은 침투에 강하므로 보호복 착용에 특히 주의한다. O/X

011. 심정지환자 중 명백한 사망 징후가 있는 경우는 현장보존하고 명백한 사망 징후가 없는 경우는 환자를 이송한다. O/X

012. 상황보고 기준(화재조사 및 보고규정)에서 대형화재란 사망 5명 이상이거나 사상자 10명 이상, 재산피해 : 50억 원 이상, 이재민 100명 이상 발생화재이다. O/X

013. 현장안전점검관은 현장안전을 유지하고, 위험요소 인지 시 지휘관·대원에게 전파 및 안전조치 및 감전, 유독가스, 낙하물, 붕괴, 전락 등 위험요소에 대한 안전평가 실시와 현장활동 중 교통사고 등 잠재된 2차 재해요인 파악해야 한다. O/X

정답 01.O 02.X 03.O 04.O 05.X 06.O 07.O 08.X 09.X 10.O 11.O 12.X 13.O

소방전술

CHAPTER 14. 재난 및 안전관리 기본법 (소방위)

001. 황사, 조류대발생, 화산활동, 소행성·유성체 등 자연 우주물체의 추락·충돌 및 미세먼지는 자연재난이다. O/X

002. 긴급구조기관이란 소방청·소방본부·소방서를 말한다. 다만, 해양에서 발생한 재난의 경우 해양경찰청·지방해양경찰청 및 해양경찰서이다. O/X

003. 중앙안전관리위원회(위원장 : 국무총리)는 심의기관이며 / 안전정책조정위원회(*위원장 : 행정안전부장관)는 중앙위원회에 상정될 안건을 사전에 검토하는 기관이며, /실무위원회(위원장 : 행정안전부의 재난본부장)는 안전정책조정위원회 업무의 효율적 운영을 위하여 둔다. O/X

004. 중앙대책본부장은 행정안전부장관이 된다. 다만 해외재난은 외교부장관이 / 방사능재난의 경우에는 중앙방사능방재대책본부의 장이 각각 중앙대책본부장의 권한을 행사한다 O/X

005. 안전등급에서 A등급 : 안전도가 우수한 경우 / B등급 : 안전도가 양호한 경우 / C등급 : 안전도가 보통인 경우이며 이들의 안전점검은 월 1회 이상이다. O/X

006. 재난분야 위기 매뉴얼은 위기관리 표준매뉴얼, 위기대응 실무매뉴얼, 현장조치 행동매뉴얼이 있으며 위기관리 표준매뉴얼은 재난관리 체계화, 관계 기관의 임무와 역할을 규정한 문서로 위기대응 실무매뉴얼의 작성기준이 되며, 재난관리주관기관의 장이 작성한다. O/X

007. 중앙위원회의 심의를 거치지 아니하고 재난사태를 선포한 경우에는 지체 없이 중앙위원회의 승인을 받아야 하며, 승인을 받지 못하면 행정안전부장관은 선포된 재난사태를 즉시 해제한다. O/X

008. 응급조치 사항에서 지역통제단장의 경우 진화에 대한 응급조치와 긴급수송 및 구조수단의 확보, 현장지휘통신체계의 확보의 조치가 가능하다. O/X

009. 중앙통제단장은 소방청장(부단장은 소방청 차장)이며 국가긴급구조대책의 총괄·조정을 한다. O/X

010. 국가나 지방자치단체는 특별재난지역으로 선포된 지역에 대하여는 응급대책 및 재난 구호와 복구에 필요한 행정상·재정상·금융상·의료상의 특별지원을 할 수 있다. O/X

011. 이재민 지원에서 국가 및 지방자치단체는 중학생의 학자금 면제를 한다. O/X

012. 국민안전의 날은 매년 4월 16일, 방재의 날은 매년 5월 15일, 안전점검의 날은 매월 4일이다. O/X

013. 재난관리기금의 매년도 최저 적립액은 최근 3년 동안의 지방세기본법에 의한 보통세의 수입결산액 평균액의 1000분의 1에 해당하는 금액으로 한다. O/X

정답 01.X 02.X 03.O 04.O 05.X 06.O 07.O 08.O 09.O 10.O 11.X 12.X 13.X

소방시설법 및 화재예방법

CHAPTER 01. 소방시설법의 총칙

001. 소방시설법은 특정소방대상물 등에 설치하여야 하는 소방시설등의 설치·관리와 소방용품 성능관리에 필요한 사항을 규정하고 있다. O/X

002. 소방시설이란 소화설비, 경보설비, 피난구조설비, 소화용수설비, 그 밖에 소화활동설비로서 대통령령으로 정하는 것을 말하며, 소방시설등이란 소방시설과 비상구, 그 밖에 소방 관련 시설로서 행정안전부령으로 정하는 것을 말한다. O/X

003. 특정소방대상물이란 건축물 등의 규모·용도 및 수용인원 등을 고려하여 소방시설을 설치하여야 하는 소방대상물로서 대통령령으로 정하는 것이다. O/X

004. 화재안전기준이란 화재를 예방하고 화재발생 시 피해를 최소화하기 위하여 소방대상물의 재료, 공간 및 설비 등에 요구되는 안전성능을 말한다. O/X

005. 성능위주설계란 건축물 등의 재료, 공간 등을 종합적으로 고려하여 공학적 방법으로 화재 위험성을 평가하고 그 결과에 따라 화재안전성능이 확보될 수 있도록 특정소방대상물을 설계하는 것을 말한다. O/X

006. 화재안전기준 중 기술기준이란 화재안전 확보를 위하여 재료, 공간 및 설비 등에 요구되는 안전성능으로서 소방청장이 고시로 정하는 기준을 말한다. O/X

007. "소방용품"이란 소방시설등을 구성하거나 소방용으로 사용되는 제품 또는 기기로서 대통령령으로 정하는 것을 말한다. O/X

008. 소방시설법에서 사용하는 용어의 뜻은 직접 규정하는 것을 제외하고는 「소방기본법」, 「다중이용업소의 안전관리에 관한 법률」, 「위험물안전관리법」 및 「건축법」에서 정하는 바에 따른다. O/X

009. 소화설비 중 소화기구에는 소화기, 간이소화용구, 옥내소화전설비가 포함된다. O/X

010. 미끄럼대·피난사다리·구조대·완강기·간이완강기 등의 피난기구와 방열복·방화복·공기호흡기, 인공소생기 등의 인명구조기구는 피난구조설비에 속한다. O/X

011. 소화용수설비란 화재를 진압하거나 인명구조활동을 위하여 사용하는 설비로서 상수도소화용수설비와 소화수조·저수조, 그 밖의 소화용수설비를 말한다. O/X

012. 소화설비 중 물분무등소화설비에는 물분무소화설비, 미분무소화설비, 포소화설비, 이산화탄소소화설비, 강화액소화설비 등이 있다. O/X

013. 주택으로 쓰이는 층수가 5층 이상인 아파트와 학교 또는 공장 등의 학생 또는 종업원을 위하여 쓰는 기숙사는 공동주택에 해당한다. O/X

014. 휴게음식점, 제과점, 일반음식점, 기원, 노래연습장 및 단란주점(단란주점은 같은 건축물에 해당 용도로 쓰는 바닥면적의 합계가 150㎡ 미만인 것만 해당한다)은 근린생활시설이다. O/X

정답 ▶ 01.O 02.X 03.O 04.X 05.O 06.X 07.O 08.X 09.X 10.O 11.X 12.O 13.O 14.O

015. 탁구장, 테니스장, 체육도장, 체력단련장, 에어로빅장, 볼링장, 당구장, 실내낚시터, 골프연습장, 물놀이형 시설, 그 밖에 이와 비슷한 것으로서 같은 건축물에 해당 용도로 쓰는 바닥면적의 합계가 1천㎡ 미만인 것은 근린생활시설이다. O/X

016. 공연장(극장, 영화상영관, 연예장, 음악당, 서커스장, 비디오물감상실업과 비디오물소극장업의 시설) 또는 종교집회장[교회, 성당, 사찰, 기도원, 수도원, 수녀원, 제실(祭室), 사당]으로서 같은 건축물에 해당 용도로 쓰는 바닥면적의 합계가 300㎡ 미만인 것은 근린생활시설이다. O/X

017. 안마원 및 「의료법」 제82조제4항에 따른 안마시술소는 위락시설에 해당하며 동·식물원은 동물 및 식물 관련 시설에 해당한다. O/X

018. 의원, 치과의원, 한의원, 침술원, 접골원, 조산원, 산후조리원은 근린생활시설이다. O/X

019. 경마장, 경륜장, 경정장, 자동차 경기장, 그 밖에 이와 비슷한 것과 체육관 및 운동장으로서 관람석의 바닥면적의 합계가 1천㎡ 이상인 것과 전시장, 동·식물원은 문화 및 집회시설이다. O/X

020. 공연장 또는 종교집회장으로서 근린생활시설에 해당하지 않는 것은 문화 및 집회시설이다. O/X

021. 한방병원과 한의원, 전염병원과 마약진료소 등의 격리병원, 정신보건법에 따른 정신의료기관, 장애인복지법에 따른 장애인 의료재활시설은 의료시설에 해당한다. O/X

022. 학교, 교육원, 직업훈련소, 근린생활시설에 해당하는 것과 자동차운전학원·정비학원 및 무도학원을 제외한 학원, 연구소, 도서관은 교육연구시설에 해당한다. O/X

023. 노유자시설의 아동 관련 시설은 「아동복지법」에 따른 아동복지시설, 「영유아보육법」에 따른 어린이집, 「유아교육법」에 따른 유치원(병설유치원을 포함한다), 그 밖에 이와 비슷한 것이다. O/X

024. 「정신보건법」에 따른 정신질환자사회복귀시설(정신질환자생산품판매시설은 제외한다) 그 밖에 이와 비슷한 것은 노유자시설에 해당하나, 정신요양시설은 의료시설에 해당한다. O/X

025. 육상장, 구기장, 볼링장, 수영장, 스케이트장, 롤러스케이트장, 승마장, 사격장, 궁도장, 골프장 등과 이에 딸린 건축물로서 관람석이 없거나 관람석의 바닥면적이 1천㎡ 미만인 것은 운동시설에 해당한다. O/X

026. 오피스텔, 주민자치센터, 119안전센터, 소방서, 보건소, 공공도서관, 마을회관, 변전소, 양수장, 공중화장실은 업무시설에 해당한다. O/X

027. 고시원(근린생활시설에 해당하지 않는 것을 말한다)은 숙박시설이다. O/X

028. 단란주점 및 유흥주점으로서 같은 건축물에 해당 용도로 쓰는 바닥면적의 합계가 150㎡ 미만인 것은 근린생활시설에 해당하나 근린생활시설에 해당하지 않는 것은 위락시설이다. O/X

029. 위험물 저장 및 처리시설에서 가스시설은 산소 또는 가연성 가스를 제조·저장 또는 취급하는 시설 중 지상에 노출된 산소 또는 가연성 가스 탱크의 저장용량의 합계가 50톤 이상이거나 저장용량이 30톤 이상인 탱크가 있는 가스제조시설, 가스저장시설, 가스취급시설의 어느 하나에 해당하는 것이다. O/X

정답 15.X 16.O 17.X 18.O 19.O 20.X 21.X 22.O 23.O 24.X 25.O 26.O 27.O 28.X 29.X

030. 고물상, 폐기물처분시설은 자원순환 관련 시설이며 종교집회장에 설치된 봉안당 및 화장시설은 묘지 관련 시설에 해당한다. O/X

031. 관광진흥법에 따른 유원시설업의 시설, 야외음악당 및 야외극장, 어린이회관, 관망탑, 휴게소, 공원·유원지 또는 관광지에 부수되는 건축물은 관광 휴게시설이다. O/X

032. 지하구는 전력·통신용의 전선이나 가스·냉난방용의 배관 또는 이와 비슷한 것을 집합수용하기 위하여 설치한 지하 인공구조물로서 사람이 점검 또는 보수를 하기 위하여 출입이 가능한 것 중 전력 또는 통신사업용 지하 인공구조물로서 전력구 또는 통신구 방식으로 설치된 것이나 전력 또는 통신사업용 이외 지하 인공구조물로서 폭 1.8m 이상이고 높이가 2m 이상이며 길이가 50m 이상인 것을 말한다. O/X

033. 하나의 건축물이 둘 이상의 용도로 사용되는 것은 관계 법령에서 주된 용도의 부수시설로서 그 설치를 의무화하고 있는 용도 또는 시설이더라도 복합건축물이다. O/X

034. 내화구조로 된 하나의 특정소방대상물이 개구부가 없는 내화구조의 바닥과 벽으로 구획되어 있는 경우에는 그 구획된 부분을 각각 별개의 특정소방대상물로 본다. O/X

035. 둘 이상의 특정소방대상물이 내화구조로 된 연결통로로 연결된 경우 벽이 없는 구조로서 그 길이가 5m 이하인 경우 또는 벽이 있는 구조로서 그 길이가 10m 이하인 경우 어느 하나에 해당되는 구조의 복도 또는 통로로 연결된 경우에는 이를 하나의 특정소방대상물로 본다. O/X

036. 연결통로 또는 지하구와 소방대상물의 양쪽에 화재 시 경보설비 또는 자동소화설비의 작동과 연동하여 자동으로 닫히는 자동방화셔터 또는 60분+ 방화문이 설치된 경우 별개의 특정소방대상물로 본다. O/X

037. 피난구조설비를 구성하는 제품 또는 기기의 소방용품으로는 피난사다리, 구조대, 완강기(지지대를 포함한다) 및 간이완강기(지지대를 포함한다) 등이 있다. O/X

038. 무창층이란 지상층 중 해당 층의 바닥면으로부터 개구부 밑부분까지의 높이가 1.2미터 이내일 것, 내부 또는 외부에서 쉽게 부수거나 열 수 있을 것 등의 요건을 모두 갖춘 개구부의 면적의 합계가 해당 층의 바닥면적의 30분의 1 이하가 되는 층을 말한다. O/X

039. 특정소방대상물 가운데 「위험물안전관리법」에 따른 위험물 제조소등의 안전관리와 위험물 제조소등에 설치하는 소방시설등의 설치기준에 관하여는 「위험물안전관리법」에서 정하는 바에 따른다. O/X

040. 국가와 지방자치단체는 소방시설등의 설치·관리와 소방용품의 품질 향상 등을 위하여 필요한 정책을 수립하고 시행하여야 한다. O/X

041. 소방청장은 새로운 소방 기술·기준의 개발 및 조사·연구, 전문인력 양성 등 필요한 노력을 하여야 하며, 정책을 수립·시행하는 데 있어 필요한 행정적·재정적 지원을 하여야 한다. O/X

042. 국가와 지방자치단체는 소방시설등의 기능과 성능을 보전·향상시키고 이용자의 편의와 안전성을 높이기 위하거나 매년 소방시설등의 관리에 필요한 재원을 확보하도록 노력하여야 한다. O/X

043. 관계인은 국가 및 지방자치단체의 소방시설등의 설치 및 관리 활동에 적극 협조하여야 하며, 관계인 중 점유자는 소유자 및 관리자의 소방시설등 관리 업무에 적극 협조하여야 한다. O/X

정답 | 30.X | 31.X | 32.O | 33.X | 34.O | 35.X | 36.O | 37.O | 38.O | 39.O | 40.O | 41.X | 42.X | 43.O

소방시설법 및 화재예방법

CHAPTER 02. 소방시설등의 설치·관리 및 방염

001. 건축물 등의 건축허가등의 권한이 있는 행정기관은 건축허가등을 할 때 미리 그 건축물 등의 시공지 또는 소재지를 관할하는 소방본부장이나 소방서장의 동의를 받아야 한다. O/X

002. 연면적이 400제곱미터 이상인 건축물이나 시설, 「학교시설사업 촉진법」에 따라 100제곱미터 이상인 학교시설 등을 건축하려는 경우에는 소방본부장이나 소방서장의 동의를 받아야 한다. O/X

003. 연면적이 100제곱미터 이상인 노유자시설 및 수련시설, 200제곱미터 이상인 정신의료기관과 장애인 의료재활시설을 건축하려는 경우에는 소방본부장이나 소방서장의 동의를 받아야 한다. O/X

004. 차고·주차장 또는 주차용도로 사용되는 시설로서 사용되는 바닥면적이 150제곱미터 이상인 층이 있는 건축물이나 주차시설, 승강기 등 기계장치에 의한 주차시설로서 자동차 20대 이상을 주차할 수 있는 시설의 어느 하나에 해당하는 것은 소방본부장이나 소방서장의 동의를 받아야 한다. O/X

005. 지하층 또는 무창층이 있는 건축물로서 바닥면적이 150제곱미터(공연장의 경우에는 100제곱미터) 이상인 층이 있는 것은 소방본부장이나 소방서장의 동의를 받아야 한다. O/X

006. 항공기격납고, 관망탑, 항공관제탑, 방송용 송수신탑, 조산원, 위험물 저장 및 처리 시설, 발전시설 중 수력발전소, 지하구의 시설을 건축하려는 경우에는 소방본부장이나 소방서장의 동의를 받아야 한다. O/X

007. 연면적이 200제곱미터 미만인 노유자시설 중 노인 관련 시설, 아동복지시설, 장애인 거주시설, 정신질환자 관련 시설 등을 건축하려는 경우에는 소방본부장이나 소방서장의 동의를 받아야 한다. O/X

008. 연면적이 200제곱미터 미만인 노유자시설 중 노인여가복지시설 및 노인보호전문기관, 아동상담소, 아동전용시설 및 지역아동센터, 단독주택 또는 공동주택에 설치되는 장애인 거주시설 등은 소방본부장이나 소방서장의 동의를 받지 않아도 된다. O/X

009. 층수가 5층인 건축물은 건축허가등의 동의대상이다. O/X

010. 특정소방대상물에 설치되는 소화기구, 자동소화장치, 단독경보형감지기, 피난구조설비(비상조명등 제외)가 화재안전기준에 적합한 경우 그 특정소방대상물은 건축허가등의 동의대상에서 제외된다. O/X

011. 건축물 등의 증축·개축·재축 ·용도변경 또는 대수선의 신고를 수리(受理)할 권한이 있는 행정기관은 그 신고를 수리하면 그 건축물 등의 시공지 또는 소재지를 관할하는 소방본부장이나 소방서장에게 지체 없이 그 사실을 알려야 한다. O/X

012. 건축허가등의 동의요구는 특정소방대상물의 관계인이 건축물 등의 시공지(施工地) 또는 소재지를 관할하는 소방본부장 또는 소방서장에게 하여야 한다. O/X

013. 건축허가 등의 동의요구의 기관은 건축허가등의 동의를 요구하는 때에는 동의요구서에 건축허가등을 확인할 수 있는 서류의 사본, 건축물 설계도서와 소방시설 설계도서, 소방시설 설치계획표, 소방시설설계업등록증과 소방시설을 설계한 기술인력자의 기술자격증 사본 등의 서류를 첨부하여야 한다. O/X

정답 01.O 02.O 03.X 04.X 05.O 06.X 07.O 08.O 09.X 10.O 11.O 12.X 13.O

014. 건축허가 등의 동의요구의 기관이 동의요구서에 첨부하는 서류 중 건축물 설계도서 중 주단면도 및 입면도, 방화구획도(창호도를 제외한다)는 소방시설공사 착공신고대상에 해당되는 경우에만 제출한다. O/X

015. 동의요구를 받은 소방본부장 또는 소방서장은 건축허가등의 동의요구서류를 접수한 날부터 5일 이내에 건축허가등의 동의여부를 회신하여야 한다. O/X

016. 허가를 신청한 건축물 등이 30층 이상(지하층을 포함한다)이거나 지상으로부터 높이가 120미터 이상인 특정소방대상물(아파트 제외)인 경우 건축허가등의 동의요구서류를 접수한 날부터 10일 이내에 건축허가등의 동의여부를 회신하여야 한다. O/X

017. 소방본부장 또는 소방서장은 동의 요구서 및 첨부서류의 보완이 필요한 경우에는 5일 이내의 기간을 정하여 보완을 요구할 수 있다. O/X

018. 건축허가등의 동의를 요구한 기관이 그 건축허가등을 취소하였을 때에는 취소한 날부터 10일 이내에 관할 소방본부장 또는 소방서장에게 그 사실을 통보하여야 한다. O/X

019. 사용승인에 대한 동의를 할 때에는 「소방시설공사업법」에 따른 소방시설공사의 완공검사증명서를 교부하는 것으로 동의를 갈음할 수 있다. 이 경우 건축허가등의 권한이 있는 행정기관은 소방시설공사의 완공검사증명서를 확인하여야 한다. O/X

020. 건축허가의 동의 여부를 알릴 경우에는 원활한 소방활동 및 건축물 등의 화재안전성능을 확보하기 위하여 필요한 피난시설, 방화구획, 소방관 진입창, 그 밖에 소방자동차의 접근이 가능한 통로의 설치 등 대통령령으로 정하는 사항에 대한 검토 자료 또는 의견서를 첨부할 수 있다. O/X

021. 단독주택과 공동주택(아파트 및 기숙사는 포함한다)의 소유자는 소방시설 중 소화기 및 단독경보형감지기를 설치하여야 한다. O/X

022. 소방본부장 및 소방서장은 주택용소방시설의 설치 및 국민의 자율적인 안전관리를 촉진하기 위하여 필요한 시책을 마련하여야 한다. O/X

023. 주택용 소방시설의 설치기준 및 자율적인 안전관리 등에 관한 사항은 특별시·광역시·특별자치시·도 또는 특별자치도의 조례로 정한다. O/X

024. 특정소방대상물의 관계인은 행정안전부령으로 정하는 소방시설을 소방청장이 정하여 고시하는 화재안전기준에 따라 설치·관리하여야 한다. 이 경우 장애인등이 사용하는 소방시설(경보설비 및 피난구조설비)은 행정안전부령으로 정하는 바에 따라 장애인등에 적합하게 설치·관리하여야 한다. O/X

025. 숙박시설이 있는 특정소방대상물 중 침대가 있는 숙박시설의 수용인원은 해당 특정소방물의 종사자의 수에 침대의 수(2인용 침대는 2인으로 산정한다)를 합한 수로 산정한다. O/X

026. 숙박시설이 있는 특정소방대상물 중 침대가 없는 숙박시설의 수용인원은 해당 특정소방대상물의 종사자의 수에 숙박시설의 바닥면적의 합계를 3㎡로 나누어 얻은 수를 합한 수로 산정한다. O/X

027. 강의실·교무실·상담실·실습실·휴게실 용도로 쓰이는 특정소방대상물의 수용인원은 해당 용도로 사용하는 바닥면적의 합계를 4.6㎡로 나누어 얻은 수로 산정한다. O/X

정답 14. X 15. O 16. O 17. X 18. X 19. O 20. X 21. X 22. X 23. O 24. X 25. O 26. O 27. X

028. 수용인원의 산정 방법에서 바닥면적을 산정하는 때에는 복도·계단 및 화장실의 바닥면적을 포함하지 아니하며, 계산결과 1 미만의 소수는 반올림한다. O/X

029. 연면적 33㎡ 이상인 것과 가스시설, 발전시설 중 전기저장시설 및 문화재, 터널, 지하구인 특정소방대상물은 화재안전기준에 따라 소화기구를 설치해야 한다. O/X

030. 아파트등 및 30층 이상 오피스텔의 모든 층은 캐비닛형 자동소화장치를 설치해야 한다. O/X

031. 연면적 3천㎡ 이상(지하가 중 터널 제외)이거나 지하층·무창층(축사 제외) 또는 층수가 4층 이상인 것 중 바닥면적이 500㎡ 이상인 층이 있는 것은 모든 층에는 옥내소화전설비를 설치하여야 한다. O/X

032. 지하가 중 길이가 1천m 이상인 터널과 건축물의 옥상에 설치된 차고 또는 주차장으로서 차고 또는 주차의 용도로 사용되는 부분의 면적이 200㎡ 이상인 것은 옥내소화전설비를 설치해야 한다. O/X

033. 문화 및 집회시설(동·식물원은 제외), 종교시설(주요구조부가 목조인 것은 제외), 운동시설(물놀이형 시설은 제외)로서 수용인원이 100명 이상인 것은 모든 층에 스프링클러설비를 설치하여야 한다. O/X

034. 영화상영관의 용도로 쓰이는 층의 바닥면적이 지하층 또는 무창층인 경우에는 300㎡ 이상, 그 밖의 층의 경우에는 1천㎡ 이상인 특정소방대상물은 스프링클러설비를 설치하여야 한다. O/X

035. 판매시설, 운수시설 및 창고시설(물류터미널에 한정한다)로서 바닥면적의 합계가 5천㎡ 이상이거나 수용인원이 500명 이상인 경우에는 모든 층에 스프링클러설비를 설치하여야 한다. O/X

036. 근린생활시설 중 조산원 및 산후조리원, 의료시설 중 정신의료기관과 요양병원, 그리고 노유자시설, 숙박이 가능한 수련시설, 숙박시설은 해당하는 용도로 사용되는 시설의 바닥면적의 합계가 500㎡ 이상인 것은 모든 층에 스프링클러설비를 설치하여야 한다. O/X

037. 지하가(터널은 제외한다)로서 연면적 1천㎡ 이상인 것과 기숙사(교육연구시설·수련시설 내에 있는 학생 수용을 위한 것을 말한다) 또는 복합건축물로서 연면적 5천㎡ 이상인 경우에는 간이스프링클러설비를 설치하여야 한다. O/X

038. 근린생활시설 중 조산원 및 산후조리원으로서 연면적이 600㎡ 미만인 시설, 교육연구시설 내에 합숙소로서 연면적 100㎡ 이상인 것은 간이스프링클러설비를 설치하여야 한다. O/X

039. 정신의료기관 또는 의료재활시설로 사용되는 바닥면적의 합계가 300㎡ 미만이고, 창살(철재·플라스틱 또는 목재 등으로 사람의 탈출 등을 막기 위하여 설치한 것을 말하며, 화재 시 자동으로 열리는 구조로 되어 있는 창살은 제외한다)이 설치된 시설에는 간이스프링클러설비를 설치하여야 한다. O/X

040. 노유자 생활시설과 노유자 생활시설에 해당하지 않는 노유자시설로 바닥면적의 합계가 300㎡ 이상 600㎡ 미만인 시설은 간이스프링클러설비를 설치하여야 한다. O/X

041. 숙박시설 중 생활형 숙박시설로서 해당 용도로 사용되는 바닥면적의 합계가 500㎡ 이상인 것과 복합건축물로서 연면적 1천㎡ 이상인 것은 모든 층에 간이스프링클러설비를 설치하여야 한다. O/X

042. 항공기 및 자동차 관련 시설 중 항공기 격납고와 주차용 건축물로서 연면적 800㎡ 이상인 것에는 물분무등소화설비를 설치하여야 한다. O/X

정답 28.O 29.O 30.X 31.X 32.O 33.O 34.X 35.O 36.X 37.X 38.O 39.O 40.O 41.X 42.O

043. 건축물 내부에 설치된 차고 또는 주차장으로서 차고 또는 주차의 용도로 사용되는 부분)의 바닥면적의 합계가 200㎡ 이상인 것과 「주차장법」에 따른 기계식주차장치를 이용하여 20대 이상의 차량을 주차할 수 있는 것에는 물분무등소화설비를 설치하여야 한다. O/X

044. 지상 1층 및 2층의 바닥면적의 합계가 6천㎡ 이상인 특정소방대상물은 옥외소화전설비를 설치하여야 하는 특정소방대상물(아파트등, 위험물 저장 및 처리 시설 중 가스시설, 지하구 또는 지하가 중 터널은 제외한다)이다. O/X

045. 연면적 400㎡ 이상이거나 지하층 또는 무창층의 바닥면적이 150㎡(공연장의 경우 100㎡) 이상인 것과 지하가 중 터널로서 길이가 500m 이상인 것은 비상경보설비를 설치하여야 한다. O/X

046. 연면적 3천5백㎡ 이상인 것, 지하층을 제외한 층수가 11층 이상인 것, 50명 이상의 근로자가 작업하는 옥내 작업장에는 비상방송설비를 설치하여야 한다. O/X

047. 누전경보기는 계약전류용량(같은 건축물에 계약 종류가 다른 전기가 공급되는 경우에는 그 중 최대계약전류용량을 말한다)이 100암페어를 초과하는 특정소방대상물에 설치하여야 한다. O/X

048. 근린생활시설(목욕장은 제외), 의료시설(정신의료기관 또는 요양병원은 제외), 위락시설, 장례시설 및 복합건축물로서 연면적 600㎡ 이상인 것은 자동화재탐지설비를 설치하여야 한다. O/X

049. 근린생활시설 중 목욕장, 업무시설, 항공기 및 자동차 관련 시설, 국방·군사시설, 관광 휴게시설, 지하가(터널 제외)로서 연면적 1천㎡ 이상인 것은 자동화재탐지설비를 설치하여야 한다. O/X

050. 업무시설, 공장, 창고시설, 교정 및 군사시설 중 국방·군사시설, 발전시설(사람이 근무하지 않는 시간에는 무인경비시스템으로 관리하는 시설만 해당한다)로서 바닥면적이 1천5백㎡ 이상인 층이 있는 것에는 자동화재탐지설비를 설치하여야 한다. O/X

051. 수련시설(숙박시설이 있는 것만 해당)로서 바닥면적이 500㎡ 이상인 층이 있는 것은 자동화재속보설비를 설치해야 한다. 다만, 방재실 등 화재 수신기가 설치된 장소에 24시간 화재를 감시할 수 있는 사람이 근무하고 있는 경우에는 자동화재속보설비를 설치하지 않을 수 있다. O/X

052. 교육연구시설·수련시설 내에 있는 기숙사 또는 합숙소로서 연면적 2천㎡ 미만인 것과 공동주택 중 연립주택 및 다세대주택에는 단독경보형감지기를 설치해야 한다. O/X

053. 피난기구는 특정소방대상물의 모든 층에 화재안전기준에 적합한 것으로 설치하여야 한다. 다만, 피난층, 지상 1층, 지상 2층 및 층수가 10층 이상인 층과 위험물 저장 및 처리시설 중 가스시설, 지하가 중 터널 또는 지하구의 경우에는 그러하지 아니하다. O/X

054. 지하층을 포함하는 층수가 7층 이상인 것 중 관광호텔 용도로 사용하는 층은 인명구조기구 중 방열복 또는 방화복, 인공소생기 및 공기호흡기를 설치하여야 하는 특정소방대상물이다. O/X

055. 수용인원 50명 이상인 문화 및 집회시설 중 영화상영관, 판매시설 중 대규모점포, 운수시설 중 지하역사, 지하가 중 지하상가는 공기호흡기를 설치하여야 한다. O/X

056. 지하층을 포함하는 층수가 5층 이상인 건축물로서 연면적 3천㎡ 이상인 것과 지하가 중 터널로서 그 길이가 500m 이상인 특정소방대상물은 비상조명등을 설치하여야 한다. O/X

정답 43.O 44.X 45.O 46.X 47.O 48.O 49.O 50.X 51.O 52.O 53.X 54.O 55.X 56.O

057. 연면적 5천㎡ 이상인 특정소방대상물은 상수도소화용수설비를 설치하여야 한다. 다만, 위험물 저장 및 처리 시설 중 가스시설, 지하가 중 터널 또는 지하구의 경우에는 그러하지 아니하다. O/X

058. 상수도소화용수설비를 설치해야 하는 특정소방대상물의 대지 경계선으로부터 180m 이내에 지름 75mm 이상인 상수도용 배수관이 설치되지 않은 지역의 경우에는 화재안전기준에 따른 소화수조 또는 저수조를 설치하여야 한다. O/X

059. 문화 및 집회시설, 종교시설, 운동시설로서 무대부의 바닥면적이 100㎡ 이상인 무대부 또는 문화 및 집회시설 중 영화상영관으로서 수용인원 100명 이상인 해당 상영관은 제연설비를 설치하여야 한다. O/X

060. 판매시설, 운수시설, 창고시설 중 물류터미널로서 해당 용도로 사용되는 부분의 바닥면적의 합계가 1천㎡ 이상인 특정소방대상물은 연결송수관설비를 설치하여야 한다. O/X

061. 층수가 11층 이상인 특정소방대상물의 경우에는 11층 이상의 층, 지하층의 층수가 3층 이상이고 지하층의 바닥면적의 합계가 1천㎡ 이상인 것은 지하층의 모든 층, 지하가 중 터널로서 길이가 500m 이상인 특정소방대상물은 비상콘센트설비를 설치해야 한다. O/X

062. 지하층의 바닥면적의 합계가 3천㎡ 이상인 것 또는 지하층의 층수가 3층 이상이고 지하층의 바닥면적의 합계가 1천㎡ 이상인 것은 지하층의 모든 층에 무선통신보조설비를 설치하여야 한다. O/X

063. 옥외소화전설비, 스프링클러설비, 물분무등소화설비를 설치하려는 자는 지진이 발생할 경우 소방시설이 정상적으로 작동될 수 있도록 소방청장이 정하는 내진설계기준에 맞게 설치하여야 한다. O/X

064. 창고시설 중 연면적 10만제곱미터 이상인 것 , 지하층 층수가 2개 층 이상이고 지하층의 바닥면적의 합계가 3만제곱미터 이상인 것에 소방시설을 설치하려는 자는 성능위주설계를 설계하여야 한다. O/X

065. 연면적 10만제곱미터 이상인 특정소방대상물과 층수가 30층(지하층 포함) 이상이거나 지상으로부터 높이가 120미터 이상에 해당하는 특정소방대상물(아파트 등은 제외)은 성능위주설계를 하여야 한다. O/X

066. 연면적 3만제곱미터 이상인 철도 및 도시철도 시설, 공항시설과 하나의 건축물에 영화상영관이 10개 이상인 특정소방대상물은 성능위주설계를 하여야 한다. O/X

067. 대통령령으로 소방시설을 정할 때에는 특정소방대상물의 규모·용도 및 수용인원 등을 고려하여야 하며, 소방청장은 건축 환경 및 화재위험특성 변화사항을 효과적으로 반영할 수 있도록 소방시설 규정을 5년에 1회 이상 정비하여야 한다. O/X

068. 특정소방대상물의 관계인은 내용연수가 경과한 소방용품을 교체하여야 한다. 이 경우 내용연수를 설정하여야 하는 소방용품의 종류 및 그 내용연수 연한에 필요한 사항은 대통령령으로 정하며, 대통령령으로 정하는 절차 및 방법 등에 따라 그 사용기한을 연장할 수 있다. O/X

069. 소방본부장이나 소방서장은 특정소방대상물의 관계인이 피난시설, 방화구획 및 방화시설을 폐쇄하거나 훼손하는 등의 행위를 한 경우에는 필요한 조치를 명할 수 있다. O/X

070. 공사시공자는 특정소방대상물의 신축·증축·개축·재축·이전·용도변경·대수선 또는 설비 설치 등을 위한 공사 현장에서 인화성(引火性) 물품을 취급하는 작업 등 대통령령으로 정하는 작업(화재위험작업)을 하기 전에 설치 및 철거가 쉬운 화재대비시설을 설치하고 관리하여야 한다. O/X

정답 57.O 58.O 59.X 60.X 61.O 62.O 63.X 64.O 65.X 66.O 67.X 68.X 69.O 70.O

071. 임시소방시설을 설치하여야 하는 공사의 종류와 규모, 임시소방시설의 종류 등에 관하여 필요한 사항은 대통령령으로 정하고, 임시소방시설의 설치 및 관리 기준은 행정안전부령으로 정한다. O/X

072. 인화성 물품을 취급하는 화재위험작업은 용접·용단 등 불꽃을 발생시키거나 화기를 취급하는 작업, 알루미늄, 마그네슘 등을 취급하여 폭발성 부유분진을 발생시킬 수 있는 작업 등이다. O/X

073. 해당 층의 바닥면적이 150m² 이상인 지하층 또는 무창층의 화재위험작업현장에 임시소방시설로 간이소화장치와 간이피난유도선 및 비상조명등을 설치해야 한다. O/X

074. 대통령령 등이 변경되어 그 기준이 강화되는 경우 소화기구, 비상경보설비, 자동화재탐지설비, 자동화재속보설비, 피난구조설비의 어느 하나에 해당하는 소방시설은 강화된 기준을 적용할 수 있다. O/X

075. 대통령령 또는 화재안전기준이 변경되어 강화되는 경우 공동구에 설치하는 소화기, 자동소화장치, 자동화재탐지설비, 통합감시시설, 유도등 및 연소방지설비와 의료시설에 설치하는 스프링클러설비, 간이스프링클러설비, 자동화재탐지설비 및 자동화재속보설비는 강화된 기준을 적용할 수 있다. O/X

076. 물분무등소화설비를 설치하여야 하는 차고·주차장에 스프링클러설비 또는 간이스프링클러설비를 화재안전기준에 적합하게 설치한 경우에는 그 설비의 유효범위에서 설치가 면제된다. O/X

077. 스프링클러설비를 설치하여야 하는 특정소방대상물에 적응성 있는 자동소화장치 또는 물분무등소화설비를 화재안전기준에 적합하게 설치한 경우에는 그 설비의 유효범위에서 설치가 면제된다. O/X

078. 누전경보기를 설치하여야 하는 특정소방대상물 또는 그 부분에 아크경보기 또는 전기 관련 법령에 따른 지락차단장치를 설치한 경우에는 그 설비의 유효범위에서 설치가 면제된다. O/X

079. 상수도소화용수설비를 설치하여야 하는 특정소방대상물의 각 부분으로부터 수평거리 150m 이내에 공공의 소방을 위한 소화전이 화재안전기준에 적합하게 설치되어 있는 경우에는 설치가 면제된다. O/X

080. 소방본부장 또는 소방서장은 특정소방대상물이 증축되는 경우에는 기존 부분을 포함한 특정소방대상물의 전체에 대하여 증축 당시의 소방시설의 설치에 관한 화재안전기준을 적용하여야 한다. O/X

081. 특정소방대상물의 구조·설비가 화재연소 확대 요인이 적어지거나 피난 또는 화재진압활동이 쉬워지도록 변경되는 경우에는 특정소방대상물 전체에 대하여 용도변경 전에 해당 특정소방대상물에 적용되던 소방시설의 설치에 관한 대통령령 또는 화재안전기준을 적용한다. O/X

082. 석재, 불연성금속, 불연성 건축재료 등의 가공공장·기계조립공장·주물공장 또는 불연성 물품을 저장하는 창고는 화재 위험도가 낮은 특정소방대상물로 옥외소화전설비 및 스프링클러설비를 설치하지 아니할 수 있다. O/X

083. 펄프공장의 작업장, 음료수 공장의 세정 또는 충전을 하는 작업장, 그 밖에 이와 비슷한 용도로 사용하는 것은 화재안전기준을 적용하기 어려운 특정소방대상물로 스프링클러설비, 상수도소화용수설비 및 연결살수설비를 설치하지 아니할 수 있다. O/X

084. 소방시설공사의 하자를 판단하는 기준에 관한 사항은 중앙소방기술심의위원회의 심의며, 소방시설에 하자가 있는지의 판단에 관한 사항은 지방소방기술심의위원회에서 심의한다. O/X

정답 71.X 72.O 73.X 74.O 75.O 76.X 77.O 78.O 79.X 80.O 81.O 82.X 83.O 84.O

085. 중앙소방기술심의위원회는 성별을 고려하여 위원장을 포함한 60명 이내의 위원으로 성별을 고려하여 구성한다. 중앙위원회의 회의는 위원장과 위원장이 회의마다 지정하는 6명 이상 15명 이하의 위원으로 구성하며, 중앙위원회는 분야별 소위원회를 구성·운영할 수 있다. O/X

086. 근린생활시설 중 의원, 조산원, 산후조리원, 체력단련장, 공연장 및 종교집회장과 교육연구시설 중 학습소, 방송통신시설 중 방송국 및 촬영소, 의료시설, 다중이용업의 영업장은 방염성능기준 이상의 방염대상물품으로 설치하여야 한다. O/X

087. 대통령령으로 정하는 방염대상물품에는 제조 또는 가공 공정에서 방염처리를 한 물품으로서 창문에 설치하는 커튼류(블라인드를 포함한다), 카펫, 벽지류(두께가 2밀리미터 이하인 종이벽지는 제외한다) 등과 실내장식물이 있다. O/X

088. 방염성능기준에서 버너의 불꽃을 제거한 때부터 불꽃을 올리며 연소하는 상태가 그칠 때까지 시간은 30초 이내이어야 하며, 버너의 불꽃을 제거한 때부터 불꽃을 올리지 않고 연소하는 상태가 그칠 때까지 시간은 20초 이내이어야 한다. O/X

089. 방염성능기준에서 불꽃에 의하여 완전히 녹을 때까지 불꽃의 접촉 횟수는 3회 이상이며, 소방청장이 정하여 고시한 방법으로 발연량을 측정하는 경우 최대연기밀도는 400 이하이어야 한다. O/X

090. 특정소방대상물에서 사용하는 방염대상물품은 소방청장(대통령령으로 정하는 방염대상물품의 경우에는 시·도지사를 말한다)이 실시하는 방염성능검사를 받은 것이어야 한다. O/X

091. 성능위주설계에 대한 검토·평가를 요청받은 소방청장 또는 소방본부장은 요청을 받은 날부터 14일 이내에 평가단의 심의·의결을 거쳐 해당 건축물의 성능위주설계를 검토·평가하고, 성능위주설계 검토·평가 결과서를 작성하여 관할 소방서장에게 지체 없이 통보해야 한다. O/X

092. 성능위주설계평가단의 회의는 평가단장과 평가단장이 회의마다 지명하는 6명 이상 8명 이하의 평가단원으로 구성·운영하며, 과반수의 출석으로 개의하고 출석 평가단원 과반수의 찬성으로 의결한다. 다만, 성능위주설계의 변경신고에 대한 심의·의결을 하는 경우에는 건축물의 성능위주설계를 검토·평가한 평가단원 중 5명 이상으로 평가단을 구성·운영할 수 있다. O/X

093. 문화 및 집회시설, 종교시설, 판매시설, 운동시설 및 운수시설은 소방시설의 작동정보 등을 실시간으로 수집·분석할 수 있는 시스템을 구축·운영하여야 하는 특정소방대상물이다. O/X

정답 85. X 86. O 87. X 88. X 89. O 90. O 91. X 92. O 93. X

소방시설법 및 화재예방법

CHAPTER 03. 소방시설등의 자체점검

001. 특정소방대상물의 관계인은 그 대상물에 설치되어 있는 소방시설등이 법령 등에 적합하게 설치·관리되고 있는지에 대하여 스스로 점검하거나 점검능력 평가를 받은 관리업자 또는 대통령령으로 정하는 기술자격자로 하여금 정기적으로 점검하게 하여야 한다. O/X

002. 특정소방대상물의 관계인은 해당 특정소방대상물의 소방시설이 신설된 경우에는 「건축법」 제22조에 따라 건축물을 사용할 수 있게 된 날부터 60일 이내 정기적으로 점검하게 하여야 한다. O/X

003. 자체점검의 구분과 그 대상, 점검인력의 배치기준 및 점검자의 자격, 점검 장비, 점검 방법 및 횟수 등 필요한 사항은 행정안전부령으로 정한다. O/X

004. 소방청장 또는 소방본부장은 소방시설등 자체점검에 대한 품질확보를 위하여 필요하다고 인정하는 경우에는 관계인이 부담하여야 할 자체점검 비용의 표준이 될 금액을 정하여 공표하거나 관리업자등에게 이를 소방시설 등 자체점검에 관한 표준가격으로 활용하도록 권고할 수 있다. O/X

005. 관리업자는 자체점검을 실시하는 경우 점검 대상과 점검 인력 배치상황을 점검인력을 배치한 날 이후 자체점검이 끝난 날부터 10일 이내에 평가기관에 통보해야 한다. O/X

006. 작동점검이란 소방시설등을 인위적으로 조작하여 소방시설이 정상적으로 작동하는지를 소방청장이 정하여 고시하는 소방시설등 작동점검표에 따라 점검하는 것을 말한다. O/X

007. 종합점검이란 소방시설등의 작동점검을 제외하고 소방시설등의 설비별 주요 구성 부품의 구조기준이 화재안전기준과 관련 법령에서 정하는 기준에 적합한 지 여부를 점검하는 것을 말한다. O/X

008. 종합점검 중 최초점검이란 법 제22조제1항제1호에 따라 소방시설이 새로 설치되는 경우 「건축법」 제22조에 따라 건축물을 사용할 수 있게 된 날부터 60일 이내 점검하는 것을 말한다. O/X

009. 작동점검은 특정소방대상물을 대상으로 한다. 다만, 소방안전관리자를 선임하지 않는 특정소방대상물, 위험물제조소등, 특급 및 1급소방안전관리대상의 어느 하나에 해당하는 것은 제외한다. O/X

010. 간이스프링클러설비(주택전용 간이스프링클러설비는 제외한다) 또는 자동화재탐지설비가 설치된 특정소방대상물에 대한 작동점검은 관계인이나 「소방시설공사업법 시행규칙」 별표 4의2에 따른 특급점검자도 점검할 수 있다. O/X

011. 작동점검의 시기는 종합점검 대상은 종합점검을 받은 달부터 3개월이 되는 달에 실시하며, 그 밖의 작동점검은 특정소방대상물의 사용승인일이 속하는 달의 말일까지 실시한다. O/X

012. 건축물에 대한 작동점검은 건축물관리대장 또는 건물 등기사항증명서에 기재되어 있는 날이 속하는 달의 말일까지 실시한다. 다만, 건축물관리대장 또는 건물 등기사항증명서 등에 기입된 날이 서로 다른 경우에는 건축물관리대장에 기재되어 있는 날을 기준으로 점검한다. O/X

013. 법 제22조 제1항제1호(해당 소방대상물의 소방시설등이 신설된 경우)에 해당하는 특정소방대상물과 스프링클러설비가 설치된 특정소방대상물은 종합점검의 대상이다. O/X

정답 01. X 02. O 03. O 04. X 05. X 06. O 07. X 08. O 09. X 10. O 11. X 12. O 13. O

014. 「다중이용업소의 안전관리에 관한 특별법 시행령」제2조 제2호의 영화상영관, 비디오물감상실업, 비디오물소극장업 및 복합영상물제공업으로서 연면적 2,000㎡ 이상인 것은 종합점검의 대상이다. O/X

015. 물분무등소화설비[호스릴(Hose Reel) 방식의 물분무등소화설비만을 설치한 경우는 제외한다]가 설치된 연면적 5,000㎡ 이상인 특정소방대상물(위험물 제조소등은 제외한다)은 종합점검의 대상이다. O/X

016. 종합점검은 관리업에 등록된 소방시설관리사나 소방안전관리자로 선임된 소방시설관리사 및 소방기술사가 할 수 있으며, 관계인과 특급점검자는 점검할 수 없다. O/X

017. 종합점검은 연 1회 이상(「화재의 예방 및 안전에 관한 법률 시행령」별표 4 제1호가목의 특급 소방안전관리대상물은 분기에 1회 이상) 실시한다. O/X

018. 건축물 사용승인일 이후 물분무등소화설비가 설치된 연면적 5,000㎡ 이상인 특정소방대상물로 종합점검 대상에 해당하게 된 경우에는 그 다음 해부터 실시한다. O/X

019. 하나의 대지경계선 안에 2개 이상의 자체점검 대상 건축물 등이 있는 경우에는 그 건축물 중 사용승인일이 가장 빠른 연도의 건축물의 사용승인일을 기준으로 종합점검을 할 수 있다. O/X

020. 공공기관의 장은 공공기관에 설치된 소방시설등의 유지·관리상태를 맨눈 또는 신체감각을 이용하여 점검하는 외관점검을 연 1회 이상 실시하고, 그 점검 결과를 2년간 자체 보관해야 한다. O/X

021. 공동주택(아파트 등으로 한정)의 관리자(관리소장, 입주자대표회의 및 소방안전관리자를 포함한다) 및 입주민(세대 거주자를 말한다)은 2년 이내 모든 세대에 대하여 점검을 해야 한다. O/X

022. 공동주택의 관리자는 수신기에서 원격 점검이 불가능한 경우 매년 작동점검만 실시하는 공동주택은 1회 점검 시 마다 전체 세대수의 50퍼센트 이상 점검하도록 자체점검 계획을 수립·시행해야 한다. O/X

023. 공동주택의 관리자는 세대별 점검현황(입주민 부재 등 불가피한 사유로 점검을 하지 못한 세대 현황을 포함한다)을 작성하여 자체점검이 끝난 날부터 1년간 자체 보관해야 한다. O/X

024. 작동점검 및 종합점검(최초점검 제외)은 건축물 사용승인 후 그 다음 해부터 실시하며, 특정소방대상물이 증축 등으로 사용승인일이 달라지는 경우 사용승인일이 빠른 날을 기준으로 자체점검을 한다. O/X

025. 이산화탄소소화설비, 분말소화설비, 할론소화설비, 할로겐화합물 및 불활성기체 소화설비는 검량계, 기동관누설시험기, 헤드결합렌치 등의 점검 장비를 이용하여 점검해야한다. O/X

026. 자체점검의 점검장비로 옥내소화전설비와 옥외소화전설비는 소화전밸브압력계를 이용하며, 소화기구는 저울을 이용하여 점검해야한다. O/X

027. 소방시설관리업자가 점검하는 경우 소방시설관리사 또는 특급점검자 1명과 보조 기술인력 2명을 점검인력 1단위로 하되, 점검인력 1단위에 2명(같은 건축물을 점검할 때에는 4명) 이내의 보조 기술인력을 추가할 수 있다. O/X

028. 점검인력 1단위가 하루 동안 점검할 수 있는 특정소방대상물의 연면적은 종합점검 10,000㎡, 작동점검 12,000㎡이다. 점검인력 1단위에 보조 기술인력을 1명씩 추가할 때마다 종합점검의 경우에는 3,000㎡, 작동점검의 경우에는 3,500㎡씩을 점검한도 면적에 더한다. O/X

정답 14. X 15. O 16. O 17. X 18. O 19. O 20. X 21. O 22. O 23. X 24. O 25. X 26. O 27. O 28. X

029. 종합점검의 점검면적을 계산할 때 적용되는 가감계수로 항공기 및 자동차 관련 시설은 0.9이며, 공동주택, 근린생활시설은 1.0, 문화 및 집회시설과 노유자시설은 1.1이다. O/X

030. 스프링클러설비가 설치되지 않거나 물분무등소화설비(호스릴 방식의 물분무등소화설비는 제외한다)가 설치되지 않은 경우 가감계수에 의해 계산된 값에서 0.1을 곱한 값을 뺀다. O/X

031. 점검인력 1단위가 하루 동안 점검할 수 있는 아파트등의 세대수(점검한도 세대수)는 종합점검 및 작동점검에 관계없이 250세대로 한다. O/X

032. 종합점검과 작동점검을 하루에 점검하는 경우에는 작동점검의 점검대상 연면적 또는 점검대상 세대수에 0.9을 곱한 값을 종합점검 점검대상 연면적 또는 점검대상 세대수로 본다. O/X

033. 관계인은 「재난 및 안전관리 기본법」 제3조제1호에 해당하는 재난이 발생하거나 경매 등의 사유로 소유권이 변동된 경우 소방본부장 또는 소방서장에 자체점검의 면제를 신청할 수 있다. O/X

034. 자체점검의 연기를 신청하려는 특정소방대상물의 관계인은 자체점검의 실시 만료일 3일 전까지 소방시설등의 자체점검 연기신청서를 첨소방본부장 또는 소방서장에게 제출해야 한다. O/X

035. 자체점검의 면제 또는 연기 신청서를 제출받은 소방본부장 또는 소방서장은 신청을 받은 날부터 2일 이내에 자체점검의 면제 또는 연기 여부를 결정하여 신청을 한 자에게 통보해야 한다. O/X

036. 특정소방대상물의 관계인은 자체점검 결과 소화펌프 고장 등 행정안전부령으로 정하는 중대위반사항이 발견된 경우에는 지체 없이 수리 등 필요한 조치를 하여야 한다. O/X

037. 관리업자등은 자체점검을 실시한 경우에는 그 점검이 끝난 날부터 10일 이내에 소방시설등 자체점검 실시결과 보고서에 소방시설등점검표를 첨부하여 관계인에게 제출해야 한다. O/X

038. 자체점검 실시결과 보고서를 제출받거나 스스로 자체점검을 실시한 관계인은 자체점검이 끝난 날부터 7일 이내에 소방시설등 자체점검 실시결과 보고서를 소방본부장 또는 소방서장에게 서면이나 소방청장이 지정하는 전산망을 통하여 보고해야 한다. O/X

039. 소방본부장 또는 소방서장에게 자체점검 실시결과 보고를 마친 관계인은 소방시설등 자체점검 실시결과 보고서(소방시설등점검표 포함)를 점검이 끝난 날부터 2년간 자체 보관해야 한다. O/X

040. 소방시설등의 자체점검 결과 이행계획서를 보고받은 소방본부장 또는 소방서장은 기계·기구를 수리하거나 정비하는 경우 보고일부터 7일 이내, 소방시설등의 전부 또는 일부를 철거하고 새로 교체하는 경우 보고일부터 14일 이내의 이행계획의 완료 기간을 정하여 관계인에게 통보해야 한다. O/X

041. 완료기간 내에 이행계획을 완료한 관계인은 이행을 완료한 날부터 20일 이내에 소방시설등의 자체점검 결과 이행완료 보고서(전자문서보고서 포함)에 필요한 서류(전자문서 포함)를 첨부하여 소방본부장 또는 소방서장에게 보고해야 한다. O/X

042. 특정소방대상물의 관계인은 천재지변이나 그 밖에 대통령령으로 정하는 사유로 이행계획을 완료하기 곤란한 경우에는 소방본부장 또는 소방서장에게 대통령령으로 정하는 바에 따라 이행계획 완료를 연기하여 줄 것을 신청할 수 있다. O/X

정답 29.X 30.O 31.X 32.X 33.X 34.O 35.X 36.X 37.O 38.X 39.O 40.X 41.X 42.O

043. 이행계획 완료의 연기를 신청하려는 관계인은 완료기간 만료일 3일 전까지 소방시설등의 자체점검 결과 이행계획 완료 연기신청서에 기간 내에 이행계획을 완료하기 곤란함을 증명할 수 있는 서류를 첨부하여 소방본부장 또는 소방서장에게 제출해야 한다. O/X

044. 자체점검 결과 보고를 마친 관계인은 관리업자등, 점검일시, 점검자 등 자체점검과 관련된 사항을 점검기록표에 기록하여 특정소방대상물의 출입자가 쉽게 볼 수 있는 장소에 게시하여야 한다. O/X

045. 소방본부장 또는 소방서장에게 자체점검 결과 보고를 마친 관계인은 법 제24조제1항에 따라 보고한 날부터 20일 이내에 소방시설등 자체점검기록표를 작성하여 특정소방대상물의 출입자가 쉽게 볼 수 있는 장소에 30일 이상 게시해야 한다. O/X

정답 ○── 43. O 44. O 45. X

소방시설법 및 화재예방법

CHAPTER 04. 소방시설관리사 및 소방시설관리업

001. 소방시설관리사가 되려는 사람은 소방청장이 실시하는 관리사시험에 합격하여야 하며, 관리사시험의 응시자격, 시험 방법, 시험 과목, 그 밖에 관리사시험에 필요한 사항은 대통령령으로 정한다. O/X

002. 소방설비기사 및 소방설비산업기사의 자격을 취득한 후 2년 이상 소방청장이 정하여 고시하는 소방에 관한 실무경력(소방실무경력)이 있는 사람은 소방시설관리사시험에 응시할 수 있다. O/X

003. 소방안전공학 분야를 전공한 후 해당 분야의 석사학위 이상을 취득한 사람이거나 2년 이상 소방실무경력이 있는 사람은 소방시설관리사시험에 응시할 수 있다. O/X

004. 소방공무원으로 3년 이상 근무한 경력이 있는 사람과 소방안전 관련 학과의 학사학위를 취득한 후 3년 이상 소방실무경력이 있는 사람은 소방시설관리사시험에 응시할 수 있다. O/X

005. 관리사시험은 제1차시험과 제2차시험으로 구분하여 시행하되, 소방청장은 제1차시험과 제2차시험을 같은 날에 시행할 수 있다. O/X

006. 관리사 제2차시험의 과목은 소방시설의 점검실무행정(점검절차 및 점검기구 사용법을 포함한다)와 소방시설의 구조 원리(고장진단 및 정비를 포함한다)이다. O/X

007. 소방청장은 관리사시험의 출제 및 채점을 위하여 소방 관련 분야의 석사학위를 가진 사람이거나 대학에서 소방안전 관련 학과 조교수로 2년 재직한 사람을 시험위원으로 위촉할 수 있다. O/X

008. 관리사 시험의 출제위원은 시험 과목별 3명, 채점위원은 시험 과목별 5명 이내(제2차시험의 경우로 한정한다)로 한다. O/X

009. 소방기술사 자격을 취득한 후 15년 소방실무경력이 있는 사람은 제1차과목은 소방수리학, 약제화학 및 소방전기과목을 제2차과목은 소방시설의 설계 및 시공과목을 면제받을 수 있다. O/X

010. 관리사시험은 2년마다 1회 시행하는 것을 원칙으로 하되, 소방청장이 필요하다고 인정하는 경우에는 그 횟수를 늘리거나 줄일 수 있다. O/X

011. 소방청장은 관리사시험을 시행하려면 응시자격, 시험 과목, 일시·장소 및 응시절차 등을 모든 응시 희망자가 알 수 있도록 관리사시험 시행일 90일 전까지 인터넷 홈페이지에 공고해야 한다. O/X

012. 제2차시험은 과목당 100점을 만점으로 하되, 시험위원의 채점점수 중 최고점수와 최저점수를 제외한 점수가 모든 과목에서 40점 이상, 전 과목에서 평균 60점 이상인 사람을 합격자로 한다. O/X

013. 소방청장은 시험에서 부정한 행위를 한 응시자에 대하여는 그 시험을 정지 또는 무효로 하고, 그 처분이 있은 날부터 3년간 시험 응시자격을 정지한다. O/X

014. 소방청장은 소방시설관리사 시험에 합격한 사람에게 합격자 공고일부터 1개월 이내에 소방시설관리사증을 발급해야 하며, 이를 소방시설관리사증 발급대장에 기록하고 관리해야 한다. O/X

015. 관리사는 발급받은 소방시설관리사증을 다른 사람에게 빌려주거나 빌려서는 아니 되며, 이를 알선하여서도 아니 된다. 또한 동시에 둘 이상의 업체에 취업하여서는 아니 된다. O/X

정답 01.O 02.X 03.O 04.X 05.O 06.X 07.X 08.O 09.O 10.X 11.O 12.O 13.X 14.O 15.O

016. 「소방시설 설치 및 관리에 관한 법률」, 「소방기본법」 또는 「위험물 안전관리법」등에 따른 금고 이상의 형의 선고유예를 선고받고 그 유예기간 중에 있는 사람은 관리사가 될 수 없다. O/X

017. 소방청장은 관리사가 거짓이나 그 밖의 부정한 방법으로 시험에 합격한 경우와 소방시설의 자체점검을 하지 아니하거나 거짓으로 한 경우에는 그 자격을 취소하여야 한다. O/X

018. 위반행위가 둘 이상이면 그 중 무거운 처분기준에 따른다. 둘 이상의 처분기준이 동일한 사용정지인 경우에는 무거운 처분기준에 각각 나머지 처분기준의 2분의 1 범위에서 가중한다. O/X

019. 자격정지에 해당하는 위반사항으로서 위반의 내용·정도가 경미하여 관계인에게 미치는 피해가 적다고 인정되는 경우나 처음 해당 위반행위를 한 경우로서 5년 이상 소방시설관리사의 업무, 소방시설관리업 등을 모범적으로 해 온 사실이 인정되는 경우에는 그 처분을 감경할 수 있다. O/X

020. 소방시설관리사가 법 제22조에 따른 소방시설의 자체점검을 하지 않거나 거짓으로 한 경우 2차 행정처분의 기준은 자격정지 3월이다. O/X

021. 소방시설등의 점검 및 관리를 업으로 하려는 자 또는 소방안전관리업무의 대행을 하려는 자는 대통령령으로 정하는 업종별로 시·도지사에게 소방시설관리업 등록을 하여야 한다. O/X

022. 업종별 기술인력 등 관리업 등록기준 및 영업범위에 필요한 사항과 관리업의 등록신청과 등록증·등록수첩의 발급·재발급 신청, 그 밖에 관리업의 등록에 필요한 사항은 행정안전부령으로 정한다. O/X

023. 전문소방시설관리업은 관리사 실무경력 5년 이상 1명 이상과 실무경력 3년 이상 1명 이상의 주된 기술인력과 고급·중급·초급점검자 각 2명 이상의 보조 기술인력을 갖추어야 하며, 영업범위는 모든 특정소방대상물을 대상으로 한다. O/X

024. 소방시설관리업을 하려는 자는 소방시설관리업 등록신청서에 소방기술인력대장 및 기술자격증(경력수첩 포함)을 첨부하여 시·도지사에게 제출해야 한다. O/X

025. 시·도지사는 제출된 서류를 심사한 결과 첨부서류가 미비되어 있거나 신청서 및 첨부서류의 기재내용이 명확하지 않은 경우에는 7일 이내의 기간을 정하여 이를 보완하게 할 수 있다. O/X

026. 관리업자는 소방시설관리업등록증 또는 등록수첩을 잃어버렸거나 관리업등록증 또는 등록수첩이 헐어 못 쓰게 된 경우에는 등록증 또는 등록수첩의 재발급을 신청할 수 있으며, 시·도지사는 재발급 신청서를 제출받은 경우에는 3일 이내에 소방시설관리업 등록증 또는 등록수첩을 재발급해야 한다. O/X

027. 관리업의 등록이 취소(피성년후견인에 해당하여 등록이 취소된 경우는 제외한다)된 날부터 3년이 지나지 아니한 사람은 관리업의 등록을 할 수 없다. O/X

028. 관리업자는 등록한 사항 중 행정안전부령으로 정하는 중요 사항이 변경되었을 때에는 행정안전부령으로 정하는 바에 따라 시·도지사에게 변경사항을 신고하여야 한다. O/X

029. 관리업 등록사항에서 변경신고의 대상이 되는 행정안전부령으로 정하는 중요사항이란 명칭·상호 또는 영업소 소재지, 대표자, 기술 인력을 말한다. O/X

030. 소방시설관리업자는 등록사항의 변경이 있는 때에는 변경일부터 20일 이내에 소방시설관리업 등록사항 변경신고서(전자문서 신고서 포함)를 시·도지사에게 제출하여야 한다. O/X

| 정답 | 16.X | 17.X | 18.O | 19.O | 20.X | 21.O | 22.X | 23.O | 24.O | 25.X | 26.O | 27.X | 28.O | 29.O | 30.X |

031. 대표자가 변경되는 경우에는 소방시설관리업 등록증 및 등록수첩과 소방기술인력대장을 첨부하여 시·도지사에게 제출하여야 한다. O/X

032. 시·도지사는 변경신고를 받은 경우 5일 이내에 소방시설관리업 등록증 및 등록수첩을 새로 발급하거나 제출된 소방시설관리업 등록증 및 등록수첩과 기술인력의 기술자격증(경력수첩 포함)에 그 변경된 사항을 적은 후 내주어야 한다. O/X

033. 관리업자가 사망한 경우 그 상속인이 관리업자의 지위를 승계하며, 그 영업을 양도한 경우 그 양수인이 관리업자의 지위를 승계한다. O/X

034. 지위승계에 관하여는 결격사유의 규정을 준용한다. 다만, 상속인이 결격사유의 어느 하나에 해당하는 경우에는 상속받은 날부터 3개월 동안은 그러하지 아니하다. O/X

035. 소방시설관리업자의 지위를 승계한 자는 그 지위를 승계한 날부터 30일 이내 소방시설관리업 지위승계 신고서 등에 법인등기부 등본, 사업자등록증, 소방기술인력대장에 기록된 소방기술인력의 국가기술자격증을 첨부하여 시·도지사에게 제출하여야 한다. O/X

036. 관리업자는 관리업자의 지위를 승계하거나 관리업의 등록취소 또는 영업정지 처분을 받은 경우에는 소방안전관리 업무를 대행하게 하거나 소방시설등의 점검업무를 수행하게 한 특정소방대상물의 관계인에게 지체 없이 그 사실을 알려야 한다. O/X

037. 소방청장은 관계인 또는 건축주가 적정한 관리업자를 선정할 수 있도록 하기 위하여 관리업자의 신청이 있는 경우 해당 관리업자의 점검능력을 종합적으로 평가하여 공시하여야 한다. O/X

038. 평가기관은 점검실적, 대행실적, 기술력, 경력, 신인도 등의 평가항목에 대한 점검능력 평가 결과를 지체 없이 소방청장 및 시·도지사에게 통보해야 하며, 매년 7월 31일까지 2개 이상의 일간신문 또는 평가기관의 인터넷 홈페이지를 통하여 공시해야 한다. O/X

039. 관리업자가 법 제29조제2항에 따른 등록기준에 미달하게 된 경우 행정처분기준은 제1차 영업정지 3개월, 제2차 등록취소이다. O/X

040. 시·도지사는 영업정지를 명하는 경우로서 그 영업정지가 이용자에게 불편을 주거나 그 밖에 공익을 해칠 우려가 있을 때에는 영업정지처분을 갈음하여 3천만원 이하의 과징금을 부과할 수 있다. O/X

041. 영업정지 1개월은 30일로 계산한다. 과징금 산정은 영업정지기간(일)에 영업정지 1일에 해당하는 금액을 곱한 금액으로 하며, 과징금 산정금액이 3천만원을 초과하는 경우 3천만원으로 한다. O/X

042. 위반행위가 둘 이상 발생한 경우 과징금 부과에 의한 영업정지기간(일) 산정은 개별기준에 따른 각각의 영업정지 처분기간을 합산한 기간으로 한다. O/X

043. 영업정지에 해당하는 위반사항으로서 위반행위의 동기·내용·횟수 또는 그 결과를 고려하여 그 처분기준의 2분의 1까지 감경한 경우 과징금 부과에 의한 영업정지기간(일) 산정은 감경 전의 영업정지기간으로 한다. O/X

044. 연간 매출액이 10백만원(1천만원) 이하인 경우에는 영업정지 1일에 해당하는 금액은 25,000원이며, 10,000백만원(100억원)을 초과하는 경우에는 영업정지 1일에 해당하는 금액은 300,000이다. O/X

정답 31. X 32. O 33. O 34. O 35. X 36. O 37. O 38. X 39. X 40. O 41. O 42. O 43. X 44. X

소방시설법 및 화재예방법

CHAPTER 05. 소방용품의 품질관리

001. 대통령령으로 정하는 소방용품을 제조하거나 수입하려는 자는 소방청장의 형식승인을 받아야 한다. 다만, 연구개발 목적으로 제조하거나 수입하는 소방용품은 그러하지 아니하다. O/X

002. 상업용 주방소화장치를 포함하여 자동소화장치를 제조하거나 수입하려는 자는 소방청장의 형식승인을 받아야 한다. O/X

003. 피난사다리, 구조대, 완강기(지지대를 포함한다) 및 간이완강기(지지대를 포함한다) 등 피난구조설비를 구성하는 제품 또는 기기를 제조하거나 수입하려는 자는 소방청장의 형식승인을 받아야 한다. O/X

004. 형식승인을 받으려는 자는 시험시설을 갖추고 소방청장의 심사를 받아야 하며, 형식승인을 받은 자는 그 소방용품에 대하여 소방청장이 실시하는 제품검사를 받아야 한다. O/X

005. 형식승인의 방법·절차 등과 제품검사의 구분·방법·순서·합격표시 등에 관한 사항은 대통령령으로 정하며, 소방용품의 형상·구조·재질 등의 형식승인 및 제품검사의 기술기준 등에 관한 사항은 소방청장이 정하여 고시한다. O/X

006. 새로운 기술이 적용된 제품의 경우에는 관련 전문가의 평가를 거쳐 행정안전부령으로 정하는 바에 따라 다른 방법 및 절차로 형식승인을 할 수 있다. O/X

007. 하나의 소방용품에 두 가지 이상의 형식승인 사항 또는 형식승인과 성능인증 사항이 결합된 경우에는 두 가지 이상의 형식승인 또는 형식승인과 성능인증 시험을 함께 실시하고 하나의 형식승인을 할 수 있다. O/X

008. 형식승인을 받은 자가 해당 소방용품에 대하여 형상등의 일부를 변경하려면 시·도지사의 변경승인을 받아야 한다. O/X

009. 변경승인의 대상·구분·방법 및 절차 등에 관하여 필요한 사항은 행정안전부령으로 정한다. O/X

010. 거짓이나 그 밖의 부정한 방법으로 형식승인을 받거나 제품검사를 받은 경우, 변경승인을 받지 아니한 경우, 거짓이나 그 밖의 부정한 방법으로 변경승인을 받은 경우에는 형식승인을 취소하여야 한다. O/X

011. 소방용품의 형식승인이 취소된 자는 그 취소된 날부터 1년 이내에는 형식승인이 취소된 동일 품목에 대하여 형식승인을 받을 수 없다. O/X

012. 형식승인을 받지 아니하거나 형상등을 임의로 변경한 소방용품, 제품검사를 받지 않거나 합격표시를 하지 않은 소방용품을 판매하거나 판매 목적으로 진열하거나 소방시설공사에 사용할 수 없다. O/X

013. 소방청장, 소방본부장 또는 소방서장은 형식승인을 받지 아니하거나 형상등을 임의로 변경한 소방용품, 제품검사를 받지 아니하거나 합격표시를 하지 아니한 소방용품에 대하여는 그 제조자·수입자·판매자 또는 시공자에게 수거·폐기 또는 교체 등 행정안전부령으로 정하는 필요한 조치를 명할 수 있다. O/X

014. 소방청장은 제조자 또는 수입자 등의 요청이 있는 경우 소방용품에 대하여 성능인증을 할 수 있으며, 성능인증을 받은 자는 그 소방용품에 대하여 소방청장의 제품검사를 받지 않아도 된다. O/X

정답 01.O 02.X 03.O 04.O 05.X 06.O 07.O 08.X 09.O 10.O 11.X 12.O 13.O 14.X

015. 성능인증의 대상·신청·방법 및 성능인증서 발급에 관한 사항과 제품검사의 구분·대상·절차·방법·합격 표시 및 수수료 등에 관한 사항은 행정안전부령으로 정한다. O/X

016. 성능인증 및 제품검사의 기술기준 등에 관한 사항은 소방청장이 정하여 고시한다. O/X

017. 성능인증을 받은 자가 해당 소방용품에 대하여 형상등의 일부를 변경하려면 소방청장의 변경인증을 받아야 하며, 변경인증의 대상·구분·방법 및 절차 등에 필요한 사항은 행정안전부령으로 정한다. O/X

018. 변경인증을 받지 아니하고 해당 소방용품에 대하여 형상 등의 일부를 변경하거나 거짓이나 그 밖의 부정한 방법으로 변경인증을 받은 경우에는 성능인증 취소하거나 제품검사 중지를 명할 수 있다. O/X

019. 소방용품의 성능인증이 취소된 자는 그 취소된 날부터 2년 이내에 성능인증이 취소된 소방용품과 동일한 품목에 대하여는 성능인증을 받을 수 없다. O/X

020. 소방청장은 형식승인 및 성능인증의 대상이 되는 소방용품 중 품질이 우수하다고 인정하는 소방용품에 대하여 인증(우수품질인증)을 할 수 있다. O/X

021. 우수품질인증을 받은 소방용품에는 우수품질인증 표시를 할 수 있으며, 우수품질인증의 유효기간은 5년의 범위에서 행정안전부령으로 정한다. O/X

022. 행정안전부령으로 정하는 우수품질인증의 유효기간은 5년이다. O/X

023. 소방청장은 거짓이나 부정한 방법으로 우수품질인증을 받았거나 우수품질인증을 받은 제품이 산업재산권 등 타인의 권리를 침해하였다고 판단되는 경우에는 우수품질인증을 취소하여야 한다. O/X

024. 중앙행정기관 및 지방자치단체는 건축물의 신축·증축 및 개축 등으로 소방용품을 변경 또는 신규 비치하여야 하는 경우 우수품질인증 소방용품을 우선 구매·사용하도록 노력하여야 한다. O/X

025. 지방공사와 및 지방공단과 공동아파트는 건축물의 신축 등으로 소방용품을 변경 또는 신규 비치하여야 하는 경우 우수품질인증 소방용품을 우선 구매하도록 노력하여야 한다. O/X

026. 소방청장 또는 시·도지사는 소방용품의 품질관리를 위하여 필요하다고 인정할 때에는 유통 중인 소방용품을 수집하여 검사할 수 있다. O/X

027. 소방청장은 소방용품의 수집검사 결과 행정안전부령으로 정하는 중대한 결함이 있다고 인정되는 소방용품에 대하여는 그 제조자 및 수입자에게 행정안전부령으로 정하는 바에 따라 회수·교환·폐기 또는 판매중지를 명하고, 형식승인 또는 성능인증을 취소할 수 있다. O/X

028. 소방청장은 회수·교환·폐기 또는 판매중지를 명하거나 형식승인 또는 성능인증을 취소한 때에는 행정안전부령으로 정하는 바에 따라 그 사실을 소방청 홈페이지 등에 공표할 수 있다. O/X

정답 15.O 16.O 17.O 18.X 19.O 20.X 21.O 22.X 23.X 24.O 25.X 26.X 27.O 28.X

소방시설법 및 화재예방법

CHAPTER 06. 소방시설법 보칙 및 벌칙

001. 소방청장은 제품검사를 전문적·효율적으로 실시하기 위하여 제품검사 전문기관을 지정할 수 있으며, 전문기관 지정의 방법 및 절차 등에 관하여 필요한 사항은 행정안전부령으로 정한다. O/X

002. 제품검사 전문기관은 「과기출연기관법」 제8조에 따라 설립된 연구기관, 공공기관, 소방용품의 시험·검사 및 연구를 주된 업무로 하는 비영리 법인의 요건을 모두 갖추어야 한다. O/X

003. 소방청장은 전문기관을 지정하는 경우에는 소방용품의 품질 향상, 제품검사의 기술개발 등에 드는 비용을 부담하게 하는 등 필요한 조건을 붙일 수 있다. O/X

004. 소방청장은 전문기관을 지정한 경우에는 행정안전부령으로 정하는 바에 따라 전문기관의 제품검사 업무에 대한 평가를 실시할 수 있으며, 제품검사를 받은 소방용품에 대하여 확인검사를 할 수 있다. O/X

005. 거짓이나 그 밖의 부정한 방법으로 전문기관 지정을 받은 경우 소방청장은 전문기관의 지정을 취소하거나 6개월 이내의 기간을 정하여 그 업무의 정지를 명할 수 있다. O/X

006. 소방청장, 소방본부장 또는 소방서장은 특정소방대상물의 체계적인 안전관리를 위하여 건축허가등의 동의를 받기 위해 제출받은 설계도면의 관리 및 활용, 보고받은 자체점검 결과의 관리 및 활용의 정보가 포함된 전산시스템을 구축·운영하여야 한다. O/X

007. 소방청장이 관리사 자격의 취소 및 정지, 소방용품의 형식승인의 취소 및 제품검사 중지 처분을 하거나 시·도지사가 관리업의 등록취소 및 영업정지의 처분을 하려면 청문을 하여야 한다. O/X

008. 소방청장이 소방용품의 형식승인 취소 및 제품검사의 중지처분을 하거나 성능인증의 취소 및 제품검사의 중지처분을 하려면 청문을 하여야 한다. O/X

009. 소방시설법에 따른 소방청장 또는 시·도지사의 권한은 대통령령으로 정하는 바에 따라 그 일부 또는 전부를 소속 기관의 장, 시·도지사, 소방본부장 또는 소방서장에게 위임할 수 있다. 소방청장은 이에 따라 화재안전기준 중 기술기준에 대한 관리·운영 권한을 국립소방연구원장에게 위임한다. O/X

010. 소방청장은 방염성능검사 업무(합판·목재를 설치하는 현장에서 방염처리한 경우의 방염성능검사는 제외)와 소방용품의 형식승인 및 변경승인의 업무 등을 기술원에 위탁할 수 있다. 이 경우 소방청장은 기술원에 소방시설 및 소방용품에 관한 기술개발·연구 등에 필요한 경비의 일부를 보조할 수 있다. O/X

011. 소방청장은 제품검사 업무 및 우수품질인증과 그 취소의 업무를 한국소방산업기술원 또는 제품검사 전문기관에 위탁할 수 있다. O/X

012. 소방청장은 표준자체점검비의 산정 업무 및 공표 업무와 소방시설관리사증의 발급·재발급 업무, 사무점검능력 평가 및 공시의 업무를 한국소방안전원에 위탁할 수 있다. O/X

013. 소방청장은 건축 환경 및 화재위험특성 변화 추세 연구에 관한 업무를 대통령령으로 정하는 바에 따라 화재안전 관련 전문연구기관에 위탁할 수 있다. 이 경우 소방청장은 연구에 필요한 경비를 지원할 수 있다. O/X

정답 01.O 02.X 03.O 04.O 05.X 06.O 07.O 08.X 09.X 10.O 11.X 12.X 13.O

014. 평가단의 구성원 중 공무원이 아닌 사람과 위탁받은 업무를 수행하는 안전원·기술원 및 전문기관, 법인 또는 단체의 담당 임직원에 대해서는 「형법」제129조부터 제132조(수뢰, 사전수뢰, 제3자 뇌물제공, 수뢰후부정처사, 사후수뢰, 알선수뢰)까지의 규정을 적용할 때에는 공무원으로 본다. O/X

015. 소방청장, 시·도지사, 소방본부장 또는 소방서장은 관리업자등이 점검한 특정소방대상물, 관리사, 관리업자의 어느 하나에 해당하는 자, 사업체 또는 소방대상물 등의 감독을 위하여 필요하면 관계인에게 필요한 보고 또는 자료제출을 명할 수 있다. O/X

016. 소방시설법에 따른 시험시행일 20일 전까지 접수를 취소하는 경우 납입한 수수료의 전부를, 시험시행일 15일 전까지 접수를 취소하는 경우 납입한 수수료의 100분의 50를 반환하여야 한다. O/X

017. 조치명령등을 받은 관계인 등은 천재지변이나 그 밖에 대통령령으로 정하는 사유로 조치명령등을 그 기간 내에 이행할 수 없는 경우에는 조치명령등을 명령한 소방청장, 소방본부장 또는 소방서장에게 대통령령으로 정하는 바에 따라 조치명령등을 연기하여 줄 것을 신청할 수 있다. O/X

018. 시장·상가·복합건축물 등 소방대상물의 관계인이 여러 명으로 구성되어 조치명령 또는 이행명령의 이행에 대한 의견을 조정하기 어려운 경우에는 조치명령등을 연기하여 줄 것을 신청할 수 있다. O/X

019. 조치명령등의 연기를 신청하려는 관계인 등은 조치명령등의 이행기간 만료일 7일 전까지 조치명령등의 연기신청서에 조치명령등을 그 기간 내에 이행할 수 없음을 증명할 수 있는 서류를 첨부하여 소방청장, 소방본부장 또는 소방서장에게 제출해야 한다. O/X

020. 조치명령의 연기신청서를 제출받은 소방청장, 소방본부장 또는 소방서장은 신청받은 날부터 3일 이내에 연기신청 승인 여부를 결정하여 관계인 등에게 통지해야 한다. O/X

021. 소방본부장 또는 소방서장은 화재안전기준을 위반하여 소방시설을 설치 또는 관리하거나 방화시설의 폐쇄·훼손·변경 등 위반행위의 신고 내용을 확인하여 이를 처리한 경우에는 신고 받은 날부터 10일 이내에 위반행위 신고 내용 처리결과 통지서를 신고자에게 통지해야 한다. O/X

022. 방화시설의 폐쇄 등에 대한 위반행위 신고 내용 처리결과를 신고자에게 통지하는 경우 우편, 팩스, 정보통신망, 전자우편 또는 휴대전화 문자메시지 등의 방법으로 할 수 있다. O/X

023. 소방청장, 시·도지사, 소방본부장 또는 소방서장은 사무를 수행하기 위하여 불가피한 경우 주민등록번호 또는 외국인등록번호가 포함된 자료를 처리할 수 있다. O/X

024. 소방시설에 폐쇄·차단 등의 행위를 한 자와 관리업의 등록을 하지 아니하고 영업을 한 자는 5년 이하의 징역 또는 5천만원 이하의 벌금에 처한다. O/X

025. 소방시설법의 조치명령을 정당한 사유 없이 위반한 자와 제품검사를 받지 아니하거나 거짓이나 부정한 방법으로 제품검사를 받은 자는 3년 이하의 징역 또는 3천만원 이하의 벌금에 처한다. O/X

026. 관리업의 등록증이나 등록수첩을 다른 자에게 빌려준 자와 영업정지처분을 받고 그 영업정지기간 중에 관리업의 업무를 한 자는 1년 이하의 징역 또는 1천만원 이하의 벌금에 처한다. O/X

027. 소방용품의 형식승인을 받지 아니하고 소방용품을 제조하거나 수입한 자 또는 형식승인의 변경승인을 받지 아니한 자는 1년 이하의 징역 또는 1천만원 이하의 벌금에 처한다. O/X

정답 ○ 14.○ 15.○ 16.X 17.○ 18.○ 19.X 20.○ 21.X 22.○ 23.○ 24.X 25.○ 26.○ 27.X

028. 제품검사에 합격하지 아니한 소방용품에 성능인증을 받았다는 표시 또는 제품검사에 합격하였다는 표시를 하거나 성능인증을 받았다는 표시 또는 제품검사에 합격하였다는 표시를 위조 또는 변조하여 사용한 자는 300만원 이하의 벌금에 처한다. O/X

029. 법인의 대표자나 법인 또는 개인의 대리인, 사용인, 그 밖의 종업원이 그 법인 또는 개인의 업무에 관하여 행정형벌에 해당하는 위반행위를 하면 그 행위자를 벌하는 외에 그 법인 또는 개인에게도 해당 조문의 벌금형을 과(科)한다. O/X

030. 위반행위의 횟수에 따른 과태료의 가중된 부과기준은 최근 1년간 같은 위반행위로 과태료 부과처분을 받은 경우에 적용한다. 이 경우 기간의 계산은 위반행위에 대하여 과태료 부과처분을 받은 날과 그 처분 후 다시 같은 위반행위를 하여 적발된 날을 기준으로 한다. O/X

031. 소방시설을 화재안전기준에 따라 설치·관리하지 아니한 자와 점검기록표를 기록하지 아니하거나 특정소방대상물의 출입자가 쉽게 볼 수 있는 장소에 게시하지 아니한 관계인은 300만원 이하의 과태료를 부과한다. O/X

032. 명령을 위반하여 보고 또는 자료제출을 하지 아니 한 자 또는 정당한 사유 없이 관계 공무원의 출입 또는 조사·검사를 거부·방해 또는 기피한 자에게 200만원 이하의 과태료를 부과한다. O/X

033. 소방시설법에 따른 300만원 이하의 과태료는 대통령령으로 정하는 바에 따라 소방청장, 관할 시·도지사, 소방본부장 또는 소방서장이 부과·징수한다. O/X

정답 · 28. X 29. O 30. O 31. O 32. X 33. O

소방시설법 및 화재예방법

CHAPTER 07. 화재예방법의 총칙

001. 화재예방법은 화재의 예방과 안전관리에 필요한 사항을 규정함으로써 화재로부터 국민의 생명·신체 및 재산을 보호하고 공공의 안전과 복리 증진에 이바지함을 목적으로 한다. O/X

002. 화재예방법의 정의에서 "안전관리"란 화재의 위험으로부터 사람의 생명·신체 및 재산을 보호하기 위하여 화재발생을 사전에 제거하거나 방지하기 위한 모든 활동을 말한다. O/X

003. "화재안전조사"란 소방청장, 소방본부장 또는 소방서장이 소방대상물, 관계지역 또는 관계인에 대하여 소방시설등이 소방 관계 법령에 적합하게 설치·관리되고 있는지, 소방대상물에 화재의 발생 위험이 있는지 등을 확인하기 위하여 실시하는 현장조사에 한정하는 활동을 말한다. O/X

004. "화재예방안전진단"이란 화재가 발생할 경우 사회경제적으로 피해 규모가 클 것으로 예상되는 소방대상물에 대하여 화재위험요인을 조사하고 그 위험성을 평가하여 개선대책을 수립하는 것을 말한다. O/X

005. "화재예방강화지구"란 소방청장이 화재발생 우려가 크거나 화재가 발생할 경우 피해가 클 것으로 예상되는 지역에 대하여 화재의 예방 및 안전관리를 강화하기 위해 지정·관리하는 지역을 말한다. O/X

006. 이 법(화재예방법)에서 사용하는 용어의 뜻은 법 제2조 제1항에서 규정하는 것을 제외하고는 「소방기본법」, 「소방시설 설치 및 관리에 관한 법률」, 「소방시설공사업법」, 「위험물안전관리법」 및 「건축법」에서 정하는 바에 따른다. O/X

007. 국가는 화재로부터 국민의 생명과 재산을 보호할 수 있도록 종합적인 화재안전정책을 수립·시행하여야 하며, 지방자치단체는 국가의 화재안전정책에 맞추어 지역의 실정에 부합하는 화재안전정책을 수립·시행하여야 한다. O/X

008. 관계인은 국가와 지방자치단체의 화재예방정책에 적극적으로 협조하여야 한다. O/X

009. 소방청장은 화재예방정책을 체계적·효율적으로 추진하고 이에 필요한 기반 확충을 위하여 화재의 예방 및 안전관리에 관한 기본계획을 3년마다 수립·시행하여야 한다. O/X

010. 소방청장은 「화재의 예방 및 안전관리에 관한 법률」 제4조제1항에 따른 화재의 예방 및 안전관리에 관한 기본계획을 계획 시행 전년도 9월 30일까지 관계 중앙행정기관의 장과 협의한 후 계획 시행 전년도 10월 31일까지 수립해야 한다. O/X

011. 화재의 예방 및 안전관리에 관한 기본계획은 화재예방정책의 기본목표 및 추진방향과 화재의 예방과 안전관리를 위한 법령·제도의 마련 등 기반 조성 사항이 포함되어야 한다. O/X

012. 화재의 예방 및 안전관리에 관한 기본계획은 화재의 예방과 안전관리 관련 산업의 국제경쟁력 향상과 화재의 예방 및 안전관리와 관련하여 소방청장이 필요하다고 인정하는 사항이 포함되어야 한다. O/X

013. 화재의 예방 및 안전관리에 관한 기본계획의 포함 내용에서 대통령령으로 정하는 화재의 예방과 안전관리에 필요한 사항은 화재발생 현황과 소방대상물의 환경 및 화재위험특성 변화 추세 등 화재예방정책의 여건 변화에 관한 사항 등이다. O/X

정답 ○ 01.○ 02.X 03.X 04.○ 05.X 06.○ 07.○ 08.○ 09.X 10.X 11.○ 12.○ 13.○

014. 법에서 규정한 사항 외에 기본계획, 시행계획 및 세부시행계획의 수립·시행에 필요한 사항은 행정안전부령으로 정한다. O/X

015. 중앙행정기관의 장과 시·도지사는 기본계획을 시행하기 위하여 매년 화재의 예방 및 안전관리에 관한 시행계획을 수립·시행하여야 한다. O/X

016. 기본계획과 시행계획을 통보받은 관계 중앙행정기관의 장과 시·도지사는 소관 사무의 특성을 반영한 세부시행계획을 수립·시행하고 그 결과를 소방청장에게 통보하여야 한다. O/X

017. 소방청장은 기본계획 및 시행계획을 수립하기 위하여 필요한 경우에는 관계 중앙행정기관의 장 또는 시·도지사에게 관련 자료의 제출을 요청할 수 있다. 이 경우 자료 제출을 요청받은 관계 중앙행정기관의 장 또는 시·도지사는 특별한 사유가 없으면 이에 따라야 한다. O/X

018. 소방청장은 기본계획을 시행하기 위한 계획을 계획 시행 전년도 10월 31일까지 수립해야 하며, 시행계획에는 기본계획의 시행을 위하여 필요한 사항과 그 밖에 화재의 예방 및 안전관리와 관련하여 소방청장이 필요하다고 인정하는 사항이 포함되어야 한다. O/X

019. 소방청장소방청장은 관계 중앙행정기관의 장과 시·도지사에게 기본계획 및 시행계획을 각각 계획 시행 전년도 10월 31일까지 통보해야 하며, 통보를 받은 관계 중앙행정기관의 장 및 시·도지사는 세부시행계획을 수립하여 계획 시행 전년도 11월 30일까지 소방청장에게 통보해야 한다. O/X

020. 세부 시행계획은 기본계획 및 시행계획에 대한 관계 중앙행정기관 또는 시·도의 세부 집행계획과 직전 세부 시행계획의 시행 결과 및 화재안전과 관련하여 관계 중앙행정기관의 장 또는 시·도지사가 필요하다고 결정한 사항이 포함되어야 한다. O/X

021. 소방청장은 기본계획 및 시행계획의 수립·시행에 필요한 기초자료를 확보하기 위하여 실태조사를 할 수 있다. 이 경우 관계 중앙행정기관의 장 또는 시·도지사의 요청이 있는 때에는 합동으로 실태조사를 할 수 있다. O/X

022. 소방청장 또는 소방본부장은 소방대상물의 용도별·규모별 현황과 소방대상물의 화재의 예방 및 안전관리 현황, 소방대상물의 소방시설등 설치·관리 현황, 그 밖에 기본계획 및 시행계획의 수립·시행을 위하여 필요한 사항에 대하여 실태조사를 할 수 있다. O/X

023. 소방청장은 소방대상물의 현황 등 관련 정보를 보유·운용하고 있는 관계 중앙행정기관의 장, 지방자치단체의 장, 공공기관의 장 또는 관계인에게 실태조사에 필요한 자료의 제출을 요청할 수 있다. O/X

024. 실태조사는 통계조사, 문헌조사 또는 현장조사의 방법으로 하며, 정보통신망 또는 전자적인 방식을 사용할 수 없다. O/X

025. 실태조사를 실시하려는 경우 실태조사 시작 5일 전까지 조사 일시, 조사 사유 및 조사 내용 등을 포함한 조사계획을 조사대상자에게 서면 또는 전자우편 등의 방법으로 미리 알려야 한다. O/X

026. 소방청장은 실태조사를 전문연구기관·단체나 관계 전문가에게 의뢰하여 실시할 수 있으며, 실태조사의 결과를 인터넷 홈페이지 등에 공표할 수 있다. O/X

027. 소방청장은 화재의 예방 및 안전관리에 관한 통계를 매년 작성·관리하여야 하며, 통계자료를 작성·관리하기 위하여 관계 중앙행정기관의 장, 지방자치단체의 장, 공공기관의 장 또는 관계인 등에게 필요한 자료와 정보의 제공을 요청할 수 있다. O/X

정답 14.X 15.X 16.O 17.O 18.O 19.X 20.O 21.X 22.X 23.O 24.X 25.X 26.O 27.O

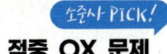

028. 소방청장은 통계자료의 작성·관리에 관한 업무의 일부에 한정하여 행정안전부령으로 정하는 바에 따라 전문성이 있는 기관을 지정하여 수행하게 할 수 있다. O/X

029. 소방청장은 전산시스템을 구축·운영하는 경우 빅데이터(대용량의 정형 또는 비정형의 데이터 세트를 말한다)를 활용하여 화재발생 동향 분석 및 전망 등을 할 수 있으며, 빅데이터를 활용하기 위한 방법·절차 등에 관하여 필요한 사항은 소방청장이 정한다. O/X

030. 소방청장은 한국소방산업기술원, 정부출연연구기관 및 「통계법」제15조에 따라 지정된 통계작성지정기관으로 하여금 통계자료의 작성·관리에 관한 업무를 수행하게 할 수 있다. O/X

정답 ○ 28. X 29. O 30. X

소방시설법 및 화재예방법

CHAPTER 08. 화재안전조사 등

001. 화재안전조사란 소방관서장이 소방대상물, 관계지역 또는 관계인에 대하여 소방시설등이 소방 관계 법령에 적합하게 설치·관리되고 있는지 등을 확인하기 위하여 공무원으로 하여금 실시하는 현장조사·문서열람·보고 요구 등을 하는 활동을 말한다. O/X

002. 소방시설법에 따른 자체점검이 불성실하거나 불완전하다고 인정되는 경우나 소방안전관리 업무 수행이 불성실하거나 불완전하다고 인정되는 경우 화재안전조사를 실시할 수 있다. O/X

003. 소방관서장은 화재, 그 밖의 긴급한 상황이 발생할 경우 인명 또는 재산 피해의 우려가 현저하다고 판단되는 경우 화재안전조사를 실시할 수 있다. O/X

004. 소방청장, 소방본부장 또는 소방서장은 화재안전조사를 실시하는 경우 범죄수사의 목적을 위하여 화재안전조사를 할 수 있다. O/X

005. 개인의 주거(실제 주거용도로 사용되는 경우에 한정한다)에 대한 화재안전조사는 관계인의 승낙이 있거나 화재발생의 우려가 뚜렷하여 긴급한 필요가 있는 때에 한정한다. O/X

006. 화재안전조사의 항목은 행정안전부령으로 정하며, 조사의 항목에는 화재의 예방조치 상황, 소방시설등의 관리 상황 및 소방대상물의 화재 등의 발생 위험과 관련된 사항이 포함되어야 한다. O/X

007. 화재안전조사는 화재의 예방조치 등에 관한 사항, 소방안전관리 업무 수행에 관한 사항, 피난계획의 수립 및 시행에 관한 사항, 소방자동차 전용구역의 설치에 관한 사항 등에 대하여 실시하며, 소방시설, 피난시설·방화구획 등에 관한 사항을 조사할 수 없다. O/X

008. 소방관서장은 화재안전조사를 조사의 목적에 따라 화재안전조사의 항목 전체에 대하여 종합적으로 실시하거나 특정 항목에 한정하여 실시할 수 있다. O/X

009. 소방관서장은 화재안전조사를 실시하려는 경우 사전에 관계인에게 조사대상, 조사기간 및 조사사유 등을 우편, 전화, 전자메일 또는 문자전송 등을 통하여 통지하고 이를 대통령령으로 정하는 바에 따라 인터넷 홈페이지나 전산시스템 등을 통해 5일 이상 공개해야 한다. O/X

010. 화재안전조사는 관계인의 승낙 없이 소방대상물의 공개시간 또는 근무시간 이외에는 할 수 없다. 다만, 화재가 발생할 우려가 뚜렷하여 긴급하게 조사할 필요가 있는 경우에는 그러하지 아니하다. O/X

011. 소방관서장은 화재안전조사를 위해 소속 공무원으로 하여금 관계인에게 보고 또는 자료의 제출을 요구하거나 소방대상물의 위치·구조·설비 또는 관리 상황에 대한 조사·질문을 하게 할 수 있다. O/X

012. 소방관서장은 필요하면 관계 중앙행정기관 또는 지방자치단체, 한국소방안전원, 한국소방산업기술원의 장과 합동조사반을 편성하여 화재안전조사를 할 수 있다. O/X

013. 소방관서장은 화재안전조사를 효율적으로 수행하기 위하여 대통령령으로 정하는 바에 따라 소방청에는 중앙화재안전조사단을, 소방본부 및 소방서에는 지방화재안전조사단을 편성하여 운영할 수 있으며, 조사단은 각각 단장을 포함하여 30명 이내의 단원으로 성별을 고려하여 구성한다. O/X

정답 01.O 02.X 03.O 04.X 05.O 06.X 07.X 08.O 09.X 10.O 11.O 12.O 13.X

014. 소방관서장은 화재안전조사의 대상을 객관적이고 공정하게 선정하기 위하여 필요한 경우 화재안전조사위원회를 구성하여 화재안전조사의 대상을 선정할 수 있다. O/X

015. 화재안전조사의 통지를 받은 관계인은 천재지변이나 재난이 발생한 경우 화재안전조사를 통지한 소방관서장에게 행정안전부령으로 정하는 바에 따라 화재안전조사를 연기해 줄 것을 신청할 수 있다. O/X

016. 화재안전조사의 연기를 신청하려는 관계인은 화재안전조사 시작 3일 전까지 연기신청서를 제출해야 하며, 신청서를 제출받은 소방관서장은 3일 이내에 연기신청의 승인 여부를 결정하여 화재안전조사 연기신청 결과 통지서를 연기신청을 한 자에게 통지해야 한다. O/X

017. 화재안전조사위원회는 위원장 1명을 포함하여 9명 이내의 위원으로 성별을 고려하여 구성한다. 위원회의 위원장은 소방관서장이 된다. O/X

018. 화재안전조사위원회의 위원은 과장급 직위 이상의 소방공무원, 소방기술사, 소방시설관리사 및 소방 관련 분야의 석사학위 이상을 취득한 사람 중에서 소방관서장이 임명하거나 위촉한다. O/X

019. 위촉위원의 임기는 3년으로 하고, 한 차례만 연임할 수 있다. O/X

020. 당사자는 제척사유가 있거나 위원에게 공정한 심의·의결을 기대하기 어려운 사정이 있는 경우에는 위원회에 기피 신청을 할 수 있고, 위원회는 의결로 기피 여부를 결정한다. O/X

021. 소방관서장은 화재안전조사를 마친 때에는 그 조사 결과를 관계인에게 서면 또는 휴대폰 문자메시지 등으로 통지해야 한다. O/X

022. 소방관서장은 화재안전조사를 실시한 경우 소방대상물의 위치, 연면적 등 현황과 소방시설등의 설치 및 관리 현황의 전부 또는 일부를 인터넷 홈페이지나 전산시스템 등을 통하여 공개할 수 있다. O/X

023. 소방관서장은 화재안전조사 결과를 공개하는 경우 15일 이상 해당 소방관서 인터넷 홈페이지나 전산시스템을 통해 공개해야 한다. O/X

024. 화재안전조사 업무를 수행하는 관계 공무원 및 관계 전문가는 그 권한 또는 자격을 표시하는 증표를 지니고 이를 관계인에게 내보여야 한다. O/X

025. 소방관서장은 화재안전조사를 마친 때에는 그 조사 결과를 관계인에게 서면으로 통지하여야 한다. 다만, 화재안전조사의 현장에서 관계인에게 조사의 결과를 설명하고 화재안전조사 결과서의 부본을 교부한 경우에는 그러하지 아니하다. O/X

026. 소방대상물의 관계인에 대한 조치명령의 내용으로는 소방대상물의 개수(改修)·이전·제거, 사용의 금지 또는 제한, 사용폐쇄, 공사의 정지 또는 중지, 그 밖의 필요한 조치가 있다. O/X

027. 소방관서장은 화재안전조사 결과 소방대상물이 법령을 위반하여 건축 또는 설비되었거나 소방시설등, 피난시설·방화구획, 방화시설 등이 법령에 적합하게 설치·유지·관리되고 있지 아니한 경우에는 관계 행정기관의 장에게 필요한 조치를 하여 줄 것을 요청할 수 있다. O/X

정답 14.O 15.X 16.O 17.X 18.O 19.X 20.O 21.X 22.O 23.X 24.O 25.O 26.O 27.O

028. 화재예방 등을 위한 조치명령의 요건은 화재안전조사 결과 소방대상물의 위치·구조·설비 또는 관리의 상황이 화재나 재난·재해 예방을 위하여 보완될 필요가 있거나 화재가 발생하면 인명 또는 재산의 피해가 클 것으로 예상되는 때이다. O/X

029. 소방청장 또는 시·도지사는 화재 예방 등을 위한 조치명령으로 인하여 손실을 입은 자가 있는 경우에는 행정안전부령으로 정하는 바에 따라 보상하여야 한다. O/X

030. 소방청장은 건축, 전기 및 가스 등 화재안전과 관련된 정보를 소방활동 등에 활용하기 위하여 전산시스템과 관계 중앙행정기관, 지방자치단체 및 공공기관 등에서 구축·운용하고 있는 전산시스템을 연계하여 구축할 수 있다. O/X

031. 소방청장 또는 시·도지사는 조치명령으로 인하여 손실을 입은 자가 있는 경우에는 화재안전조사 조치명령 손실확인서를 작성하여 관련 사진 및 그 밖의 증빙자료와 함께 보관해야 한다. O/X

032. 소방청장 또는 시·도지사가 손실을 보상하는 경우에는 시가(時價)로 보상해야 하며 손실보상에 관하여는 명령조치권자인 소방관서장과 손실을 입은 자가 협의해야 한다. O/X

033. 조치명령으로 인하여 손실을 입은 자가 손실보상을 청구하려는 경우에는 손실보상 청구서에 소방대상물의 관계인임을 증명할 수 있는 서류 등을 첨부하여 소방청장, 시·도지사에게 제출해야 한다. O/X

034. 지소방청장 또는 시·도지사는 보상금액에 관한 협의가 성립되지 않은 경우에는 그 보상금액을 지급하거나 공탁하고 이를 상대방에게 알려야 한다. O/X

035. 보상금의 지급 또는 공탁의 통지에 불복하는 자는 지급 또는 공탁의 통지를 받은 날부터 15일 이내에 중앙토지수용위원회 또는 관할 지방토지수용위원회에 재결(裁決)을 신청할 수 있다. O/X

정답 28.O 29.X 30.O 31.X 32.X 33.O 34.O 35.X

소방시설법 및 화재예방법

CHAPTER 09. 화재의 예방조치

001. 누구든지 화재예방강화지구 및 이에 준하는 위험물 제조소등 대통령령으로 정하는 장소에서는 모닥불, 흡연 등 화기의 취급, 풍등 등 소형열기구 날리기 및 위험물을 방치하는 행위를 하여서는 아니 된다. 다만, 대통령령으로 정하는 바에 따라 안전조치를 한 경우에는 그러하지 아니한다. O/X

002. 소방관서장은 화재 발생 위험이 크거나 소화 활동에 지장을 줄 수 있다고 인정되는 물건의 관계인에게 소방차량의 통행이나 소화 활동에 지장을 줄 수 있는 물건의 이동 명령을 할 수 있다. O/X

003. 소화기 등 소방시설을 비치 또는 설치한 장소에서 화기 등을 취급하는 경우에는 모닥불, 흡연 등 화기의 취급이나 용접·용단 등 불꽃을 발생시키는 행위를 할 수 있다. O/X

004. 소방관서장은 화재예방 안전조치 협의 신청서를 받은 경우에는 화재예방 안전조치의 적절성을 검토하고 3일 이내에 화재예방 안전조치 협의 결과 통보서를 협의를 신청한 자에게 통보해야 한다. O/X

005. 소방관서장은 목재, 플라스틱 등 가연성이 큰 물건의 제거 등에 해당하는 물건, 소방차량의 통행이나 소화 활동에 지장을 줄 수 있는 물건의 소유자, 관리자 또는 점유자를 알 수 없는 경우 소속 공무원으로 하여금 그 물건을 옮기거나 보관하는 등 필요한 조치를 하게 할 수 있다. O/X

006. 소방관서장이 소방차량의 통행이나 소화 활동에 지장을 줄 수 있는 물건을 소속 공무원으로 하여금 옮긴 경우 그 물건의 보관기간 및 보관기간 경과 후 처리 등에 필요한 사항은 소방청장이 정한다. O/X

007. 소방관서장은 옮긴 물건 등을 보관하는 경우에는 그 다음 날부터 14일 동안 해당 소방관서의 인터넷 홈페이지에 그 사실을 공고해야 한다. O/X

008. 위험물 또는 물건의 보관기간은 소방본부 또는 소방서의 게시판에 공고하는 기간의 종료일 다음 날부터 7일로 한다. O/X

009. 소방관서장은 보관기간이 종료되는 때에는 보관하고 있는 옮긴 물건등을 매각하여야 하며, 매각한 경우에는 지체 없이 「지방재정법」에 의하여 세입조치를 하여야 한다. O/X

010. 보관하고 있는 옮긴 물건등이 부패·파손 또는 이와 유사한 사유로 정해진 용도로 계속 사용할 수 없는 경우에는 폐기할 수 있다. O/X

011. 소방청장 또는 시·도지사는 매각되거나 폐기된 위험물 또는 물건의 소유자가 보상을 요구하는 경우에는 보상금액에 대하여 소유자와 협의를 거쳐 보상하여야 한다. O/X

012. 소방관서장은 매각되거나 폐기된 옮긴 물건등의 손실보상의 방법 및 절차 등에 관하여는 제14조(화재안전조사 조치명령에 대한 손실보상 규정)를 준용한다. O/X

013. 보일러, 난로, 건조설비, 그 밖에 화재 발생 우려가 있는 설비 또는 기구 등의 위치·구조 및 관리와 화재 예방을 위하여 불을 사용할 때 지켜야 하는 사항은 행정안전부령으로 정한다. O/X

정답 01.X 02.O 03.O 04.X 05.O 06.X 07.X 08.X 09.X 10.O 11.X 12.O 13.X

014. 화재 예방을 위하여 불을 사용할 때 지켜야 하는 사항은 대통령령으로 정하며 여기서 규정한 사항 외에 화재 발생 우려가 있는 설비 또는 기구의 종류, 해당 설비 또는 기구의 위치·구조 및 관리와 화재 예방을 위하여 불을 사용할 때 지켜야 하는 사항은 시·도의 조례로 정한다. O/X

015. 보일러와 벽·천장 사이의 거리는 0.5미터 이상이어야 하며, 건조설비와 벽·천장 사이의 거리는 0.6미터 이상 이어야 한다. O/X

016. 액체연료 보일러의 연료탱크는 보일러 본체로부터 수평거리 1미터 이상의 간격을 두어 설치하고 연료탱크에는 화재 등 긴급상황이 발생하는 경우 연료를 차단할 수 있는 개폐밸브를 연료탱크로부터 0.5미터 이내에 설치하여야 한다. O/X

017. 기체연료 보일러를 설치하는 장소에는 환기구를 설치하는 등 가연성가스가 머무르지 않도록 하며, 가스누설경보기를 설치하여야 한다. 그리고 연료를 공급하는 배관은 금속관 또는 금속 수지관으로 하여야 한다. O/X

018. 난로의 연통은 천장으로부터 0.6미터 이상 떨어지고, 연통의 배출구는 건물 밖으로 0.6미터 이상 나오게 설치해야 한다. O/X

019. 불꽃을 사용하는 용접 또는 용단 작업장 주변 반경 5미터 이내에 소화기를 갖추어 두어야 하며, 용접 또는 용단 작업장 주변 반경 10미터 이내에는 가연물을 쌓아두지 말아야 한다. O/X

020. 시간당 열량이 30만 킬로칼로리 이상의 노를 설치하는 경우 주요구조부는 불연재료 이상으로 하고 창문과 출입구는 60분+ 방화문 또는 30분 방화문으로 설치하여야 한다. O/X

021. 식품접객업 중 일반음식점 주방의 열을 발생하는 조리기구는 반자 또는 선반으로부터 0.6미터 이상 떨어지게 하고 조리기구로부터 0.5미터 이내의 거리에 있는 가연성 주요구조부는 단열성이 있는 불연재료로 덮어 씌워야 한다. O/X

022. 화재가 발생하는 경우 불길이 빠르게 번지는 고무류·플라스틱류·석탄 및 목탄 등 대통령령으로 정하는 특수가연물(特殊可燃物)의 저장 및 취급 기준은 대통령령으로 정한다. O/X

023. 면화류는 200킬로그램 이상이어야 특수가연물이고 대팻밥, 넝마 및 종이부스러기, 사류, 볏짚류는 1000킬로그램 이상이어야 특수가연물이다. O/X

024. 나무껍질 및 대팻밥은 400킬로그램 이상이어야 특수가연물이며, 목재가공품 및 나무부스러기는 20세제곱미터 이상이어야 특수가연물이다. O/X

025. 가연성고체류와 발포시킨 것 외의 합성수지류는 3,000킬로그램 이상, 가연성 액체류는 2세제곱미터 이상이어야 특수가연물이다. O/X

026. 면화류란 불연성 또는 난연성이 아닌 면상 또는 팽이모양의 섬유와 마사(麻絲) 원료를 말하며, 사류란 불연성 또는 난연성이 아닌 실(실부스러기와 솜털을 포함)과 누에고치를 말한다. O/X

027. 인화점이 섭씨 40도 이상 100도 미만인 것과 인화점이 200도 이상이고 연소열량이 1그램당 8킬로칼로리 이상인 것으로서 녹는점(융점)이 100도 이상인 것은 가연성 고체류이다. O/X

정답 | 14.O 15.X 16.O 17.X 18.O 19.X 20.X 21.X 22.O 23.X 24.X 25.O 26.O 27.X

028. 가연성 액체류는 1기압과 섭씨 20도 이하에서 액상인 것으로서 가연성 액체량이 40중량퍼센트(wt%) 이하이면서 인화점이 섭씨 40도 이상 70도 미만이고 연소점이 60도 이상인 것이다. O/X

029. 고무류·프라스틱류(합성수지류)란 불연성 또는 난연성이 아닌 고체의 합성수지제품, 합성수지반제품, 원료합성수지 및 합성수지 부스러기(불연성 또는 난연성이 아닌 고무제품, 고무반제품, 원료고무 및 고무 부스러기를 포함)를 말한다. O/X

030. 특수가연물은 품명별로 구분하여 쌓아야 하며, 쌓는 높이는 10미터 이하, 쌓는 부분의 바닥면적은 50제곱미터(석탄·목탄류의 경우에는 200제곱미터) 이하가 되도록 하며, 쌓는 부분의 바닥면적 사이는 실내의 경우 1미터 또는 쌓는 높이의 1/2 중 큰 값 이상으로 간격을 두어야 한다. O/X

031. 특수가연물의 저장 기준에서 살수설비를 설치하거나, 방사능력 범위에 해당 특수가연물이 포함되도록 대형수동식소화기를 설치하는 경우에는 쌓는 높이를 15미터 이하, 쌓는 부분의 바닥면적을 200제곱미터(석탄·목탄류의 경우에는 300제곱미터) 이하로 할 수 있다. O/X

032. 특수가연물을 저장 또는 취급하는 장소에는 품명, 최대저장수량, 단위부피당 질량 또는 단위체적당 질량, 관리책임자 성명·직책, 연락처 및 화기취급의 금지표시가 포함된 특수가연물 표지를 설치해야 한다. O/X

033. 특수가연물 표지는 한 변의 길이가 0.3미터 이상, 다른 한 변의 길이가 0.6미터 이상인 직사각형으로 하고 특수가연물 표지 중 화기엄금 표시 부분의 바탕은 흰색으로, 문자는 붉은색으로 하여야 한다. O/X

034. 시·도지사는 화재발생 우려가 크거나 화재가 발생할 경우 피해가 클 것으로 예상되는 시장지역이나 노후·불량건축물이 밀집한 지역을 화재예방강화지구로 지정할 수 있다. O/X

035. 공장·창고가 밀집한 지역, 목조건물이 밀집한 지역, 위험물의 저장 및 처리시설이 밀집한 지역, 소방시설·소방용수시설 또는 소방출동로가 없는 지역 등은 화재예방강화지구의 지정 대상지역이다. O/X

036. 시·도지사가 화재예방강화지구로 지정할 필요가 있는 지역을 화재예방강화지구로 지정하지 아니하는 경우 소방청장은 해당 시·도지사에게 해당 지역의 화재예방강화지구 지정을 명할 수 있다. O/X

037. 소방관서장은 화재예방강화지구 안의 소방대상물의 위치·구조 및 설비 등에 대한 화재안전조사를 연 1회 이상 실시할 수 있으며, 화재예방강화지구 안의 관계인에 대하여 소방에 필요한 훈련 및 교육을 연 1회 이상 실시해야 한다. O/X

038. 소방관서장은 화재안전조사를 한 결과 화재의 예방강화를 위하여 필요하다고 인정할 때에는 관계인에게 소화기구, 소방용수시설 또는 그 밖에 소방에 필요한 설비의 설치를 명할 수 있다. O/X

039. 훈련 및 교육을 실시하려는 경우에는 화재예방강화지구 안의 관계인에게 훈련 또는 교육 7일 전까지 그 사실을 통보해야 한다. O/X

040. 소방관서장은 대통령령으로 정하는 바에 따라 화재예방강화지구의 지정 현황, 화재안전조사의 결과, 소방설비 등의 설치 명령 현황, 소방교육의 현황 등이 포함된 화재예방강화지구에서의 화재예방에 필요한 자료를 매년 작성·관리하여야 한다. O/X

041. 소방청장, 소방본부장 또는 소방서장은 소방설비등의 설치를 명하는 경우 해당 관계인에게 소방설비등의 설치에 필요한 지원을 할 수 있다. O/X

정답) 28.O 29.O 30.X 31.O 32.O 33.X 34.O 35.O 36.X 37.X 38.O 39.X 40.X 41.X

042. 소방관서장은 기상현상 및 기상영향에 대한 예보·특보에 따라 화재의 발생 위험이 높다고 분석·판단되는 경우에는 화재 위험경보를 발령하고, 보도기관을 이용하거나 정보통신망에 게재하는 등 적절한 방법을 통하여 이를 일반인에게 알려야 한다. O/X

043. 소방청장은 화재발생 원인 및 연소과정을 조사·분석하는 등의 과정에서 법령이나 정책의 개선이 필요하다고 인정되는 경우 화재안전영향평가를 실시할 수 있다. O/X

044. 소방청장은 화재안전영향평가에 관한 업무를 수행하기 위하여 화재안전영향평가심의회를 구성·운영할 수 있으며, 심의회는 위원장 1명을 포함한 10명 이내의 위원으로 구성한다. O/X

045. 화재안전영향평가심의회의 위원장은 위원 중에서 호선하고, 위원은 화재안전과 관련되는 법령이나 정책을 담당하는 관계 기관의 소속 직원으로서 대통령령으로 정하는 사람과 소방기술사 등 대통령령으로 정하는 화재안전과 관련된 분야의 전문가로 한다. O/X

046. 소방관서장은 어린이, 노인, 장애인 등 화재안전취약자의 안전한 생활환경을 조성하기 위하여 소방용품의 제공 및 소방시설의 개선 등 필요한 사항을 지원하기 위하여 노력하여야 한다. O/X

정답 42. O   43. O   44. X   45. O   46. O

소방시설법 및 화재예방법

CHAPTER 10. 소방대상물의 소방안전관리

001. 특정소방대상물 중 전문적인 안전관리가 요구되는 대통령령으로 정하는 특정소방대상물(소방안전관리대상물)의 관계인은 소방안전관리업무를 수행하기 위하여 소방안전관리자 자격증을 발급받은 사람을 소방안전관리자로 선임하여야 한다. O/X

002. 다른 법령에 따라 전기·가스 등의 안전관리 업무에 종사하는 자는 소방안전관리업무의 전담이 필요한 대통령령으로 정하는 소방안전관리대상물의 소방안전관리자를 겸할 수 있다. O/X

003. 소방안전관리업무를 대행하는 관리업자를 감독할 수 있는 사람을 소방안전관리자로 선임하는 경우 소방안전관리자로 선임된 자는 선임된 날부터 3개월 이내에 소방안전관리자 교육을 받아야 한다. O/X

004. 특정소방대상물의 관계인은 소방계획서의 작성, 자위소방대의 구성·운영·교육, 소방훈련 및 교육 및 행정안전부령으로 정하는 소방안전관리에 관한 업무수행에 관한 기록·유지를 수행하여야 한다. O/X

005. 소방계획서에는 소방시설·피난시설 및 방화시설의 점검·정비계획과 피난층 및 피난시설의 위치와 피난경로의 설정, 화재안전취약자의 피난계획 등을 포함한 피난계획이 포함되어야 한다. O/X

006. 소방안전관리 업무대행이 가능한 소방안전관리대상물은 지상층의 층수가 10층 이상인 1급 소방안전관리대상물(연면적 1만5천제곱미터 이상인 특정소방대상물과 아파트는 제외한다) 또는 2급·3급 소방안전관리대상물이다. O/X

007. 관리업자의 업무대행에서 대통령령으로 정하는 소방안전관리 업무란 피난시설, 방화구획 및 방화시설의 관리 또는 소방시설이나 그 밖의 소방 관련 시설의 관리업무를 말한다. O/X

008. 1급 또는 2급 소방안전관리대상물에 설치된 스프링클러설비, 물분무등소화설비 또는 제연설비에 대한 대행인력의 기술등급은 중급점검자 이상 1명 이상이다. O/X

009. 30층 이상(지하층 제외)이거나 지상으로부터 높이가 120미터 이상인 특정소방대상물과 50층 이상(지하층 포함)이거나 지상으로부터 높이가 200미터 이상인 아파트는 특급 소방안전관리대상물이다. O/X

010. 연면적이 10만제곱미터 이상인 특정소방대상물(아파트는 제외한다)은 특급 소방안전관리대상물이다. 특급 및 1급 소방안전관리대상물은 동·식물원, 철강 등 불연성 물품을 저장·취급하는 창고, 위험물 저장 및 처리 시설 중 위험물 제조소등, 지하구를 제외한다. O/X

011. 가스 제조설비를 갖추고 도시가스사업의 허가를 받아야 하는 시설이나 가연성 가스를 100톤 이상 1천톤 미만 저장·취급하는 시설은 2급 소방안전관리대상물에 해당하며, 2급 소방안전관리대상물에는 1명 이상의 2급 소방안전관리자를 두어야 한다. O/X

012. 간이스프링클러설비(주택전용 간이스프링클러설비는 제외한다)를 설치해야 하는 특정소방대상물은 2급 소방안전관리대상물이다. O/X

013. 300세대 이상인 아파트와 연면적이 1만 제곱미터 이상인 특정소방대상물, 공동주택 중 기숙사, 의료시설, 노유자시설에 해당하는 특정소방대상물은 소방안전관리보조자를 두어야 한다. O/X

정답 01. O 02. X 03. O 04. X 05. O 06. X 07. O 08. O 09. X 10. O 11. O 12. X 13. X

014. 특급 소방안전관리대상물의 관계인은 소방설비기사의 자격을 취득한 후 5년 이상 1급 소방안전관리대상물의 소방안전관리자로 근무한 실무경력이 있는 사람을 소방안전관리자로 선임할 수 있다. O/X

015. 소방설비기사 또는 소방설비산업기사의 자격이 있는 사람과 소방공무원으로 5년 이상 근무한 경력이 있는 사람은 1급 소방안전관리대상물의 소방안전관리자로 선임될 수 있다. O/X

016. 위험물기능사 자격을 가진 사람과 소방공무원으로 3년 이상 근무한 경력이 있는 사람은 2급 소방안전관리대상물의 소방안전관리자로 선임될 수 있다. O/X

017. 신축·증축·개축·재축·대수선 등으로 해당 특정소방대상물의 소방안전관리자를 신규로 선임하는 경우 해당 특정소방대상물의 사용승인일부터 30일 이내에 소방안전관리자를 선임해야 한다. O/X

018. 1급 소방안전관리대상물의 관계인은 소방안전관리자 강습교육이 소방안전관리자 선임기간 내에 있지 아니하여 소방안전관리자를 선임할 수 없는 경우 소방안전관리자 선임의 연기를 신청할 수 있다. O/X

019. 소방안전관리대상물의 관계인이 소방안전관리자를 선임한 경우에는 행정안전부령으로 정하는 바에 따라 선임한 날부터 30일 이내에 소방본부장이나 소방서장에게 신고하여야 한다. O/X

020. 소방안전관리대상물의 관계인이 소방안전관리자 등을 선임한 경우 소방안전관리대상물의 출입자가 쉽게 알 수 있도록 소방안전관리자의 성명 및 선임일자, 연락처, 근무 위치(화재 수신기 또는 종합방재실을 말한다)와 소방안전관리대상물의 명칭 및 등급을 게시하여야 한다. O/X

021. 소방안전관리대상물의 관계인은 소방안전관리자가 소방안전관리업무를 성실하게 수행할 수 있도록 지도·감독하여야 한다. O/X

022. 소방안전관리자는 소방시설 등이 법령에 위반된 것을 발견한 때에는 지체 없이 소방안전관리대상물의 관계인에게 필요한 조치를 요구하고 즉시 소방본부장 등에게 그 사실을 알려야 한다. O/X

023. 소방본부장 또는 소방서장은 소방안전관리자 또는 소방안전관리보조자를 선임하지 아니한 소방안전관리대상물의 관계인에게 소방안전관리자 또는 소방안전관리보조자를 선임하도록 명할 수 있다. O/X

024. 공사시공자가 건설현장 소방안전관리대상물을 신축·증축·개축·재축·이전·용도변경 또는 대수선 하는 경우에는 소방안전관리자로서 제34조에 따른 교육을 받은 사람을 소방시설공사 착공 신고일부터 건축물 사용승인일까지 소방안전관리자로 선임하여야 한다. O/X

025. 신축·증축·개축·재축·이전·용도변경 또는 대수선을 하려는 부분의 연면적이 3천제곱미터 이상인 것으로서 지상층의 층수가 11층 이상인 것은 건설현장 소방안전관리대상물이다. O/X

026. 지하층을 제외한 층수가 11층 이상 또는 연면적 5천제곱미터 이상인 복합건축물과 지하상가는 관리의 권원이 분리된 특정소방대상물이다. O/X

027. 관리의 권원이 분리되어 있는 특정소방대상물의 관계인은 소유권, 관리권 및 점유권에 따라 각각 소방안전관리자를 선임해야 한다. O/X

정답 14.O 15.X 16.O 17.O 18.X 19.X 20.O 21.O 22.X 23.O 24.O 25.X 26.X 27.O

028. 소방청장, 소방본부장 또는 소방서장은 소방안전관리자 등의 선임신고 현황 및 해임 사실의 확인 현황 등을 효율적으로 관리하기 위하여 종합정보망을 구축·운영할 수 있으며, 종합정보망과 유관 정보시스템의 연계·운영 업무를 수행할 수 있다. O/X

029. 소방공무원으로 10년 이상 근무한 경력이 있는 사람과 1급 소방안전관리대상물의 소방안전관리자로 5년(소방설비기사의 경우 2년, 소방설비산업기사의 경우 3년) 이상 근무한 실무경력이 있는 사람은 특급 소방안전관리대상물의 소방안전관리에 관한 시험에 응시할 수 있다. O/X

030. 자체소방대의 소방대원으로 1년 이상 근무한 경력이 있는 사람과 의용소방대원 또는 경찰공무원으로 2년 이상 근무한 경력이 있는 사람은 3급 소방안전관리자시험에 응시할 수 있다. O/X

031. 소방안전관리자 자격시험을 실시하려는 경우에는 응시자격·시험과목·일시·장소 및 응시절차를 모든 응시희망자가 알 수 있도록 시험 시행일 20일 전에 인터넷 홈페이지에 공고해야 한다. O/X

032. 소방청장은 소방안전관리자 자격증을 발급받은 사람이 거짓이나 그 밖의 부정한 방법으로 소방안전관리자 자격증을 발급받거나 자격증을 다른 사람에게 빌려준 경우에는 그 자격을 취소해야 한다. O/X

033. 법 제24조제5항에 따른 소방안전관리업무를 게을리하거나 제34조에 따른 실무교육을 받지 않는 경우 제2차 위반에 대한 행정처분기준은 자격정지 6개월이다. O/X

034. 소방안전관리자가 되려고 하는 사람 또는 소방안전관리자(소방안전관리보조자를 포함한다)로 선임된 사람은 소방안전관리업무에 관한 능력의 습득 또는 향상을 위하여 행정안전부령으로 정하는 바에 따라 소방청장이 실시하는 강습교육 또는 실무교육을 받아야 한다. O/X

035. 소방청장은 강습교육을 실시하려는 경우에는 강습교육 실시 10일 전까지 일시·장소, 그 밖에 강습교육 실시에 필요한 사항을 인터넷 홈페이지에 공고해야 한다. O/X

036. 특급 소방안전관리자의 강습교육의 시간은 80시간, 1급 소방안전관리자와 공공기관 소방안전관리자는 강습교육의 시간은 40시간이다. O/X

037. 소방청장은 실무교육을 실시하려는 경우에는 실무교육 실시 30일 전까지 일시·장소, 그 밖에 실무교육 실시에 필요한 사항을 인터넷 홈페이지에 공고하고 교육대상자에게 통보해야 한다. O/X

038. 소방안전관리자는 소방안전관리자로 선임된 날부터 6개월 이내에 실무교육을 받아야 한다. 그 이후에는 2년마다(최초 실무교육을 받은 날을 기준일로 하여 매 2년이 되는 해의 기준일과 같은 날 전까지를 말한다) 1회 이상 실무교육을 받아야 한다. O/X

039. 소방안전관리대상물의 관계인은 자위소방대를 화재 발생 시 비상연락, 초기소화 및 피난유도와 화재 발생 시 인명·재산피해 최소화를 위한 조치를 효율적으로 수행할 수 있도록 편성·운영해야 한다. O/X

040. 소방안전관리대상물의 소방안전관리자는 연 1회 이상 자위소방대를 소집하여 편성 상태 및 초기대응체계를 점검하고, 소방교육을 실시해야 하며 그 결과를 기록하고 1년간 보관하여야 한다. O/X

041. 소방안전관리대상물의 관계인은 그 장소에 근무하거나 거주 또는 출입하는 사람들이 화재가 발생한 경우에 안전하게 피난할 수 있도록 피난계획을 수립·시행하여야 한다. O/X

정답 28. X 29. O 30. O 31. X 32. O 33. X 34. O 35. X 36. X 37. O 38. O 39. O 40. X 41. O

042. 피난계획에는 화재경보의 수단 및 방식과 층별, 구역별 피난대상 인원의 현황, 이동이 어려운 사람(재해약자)의 현황, 각 거실에서 옥외(옥상 또는 피난안전구역을 포함)로 이르는 피난경로, 재해약자 및 재해약자를 동반한 사람의 피난동선과 피난방법이 포함되어야 한다. O/X

043. 피난유도 안내정보 제공은 연 1회 피난안내 교육을 실시하는 방법, 분기별 1회 이상 피난안내방송을 실시하는 방법, 피난안내도를 층마다 보기 쉬운 위치에 게시하는 방법 등으로 제공한다. O/X

044. 소방안전관리대상물의 관계인은 그 장소에 근무하거나 거주하는 사람 등(근무자등)에게 소화・통보・피난 등의 훈련과 소방안전관리에 필요한 교육을 하여야 하고, 피난훈련은 그 소방대상물에 출입하는 사람을 안전한 장소로 대피시키고 유도하는 훈련을 포함하여야 한다. O/X

045. 소방안전관리대상물의 관계인은 소방훈련과 교육을 연 1회 이상 실시해야 한다. 다만, 소방본부장 또는 소방서장이 화재예방을 위하여 필요하다고 인정하여 1회의 범위에서 추가로 실시할 것을 요청하는 경우에는 소방훈련과 교육을 추가로 실시해야 한다. O/X

046. 소방본부장 또는 소방서장은 특급 및 1급 소방안전관리대상물의 관계인으로 하여금 소방훈련과 교육을 소방기관과 합동으로 실시하게 할 수 있다. O/X

047. 소방안전관리대상물의 관계인은 소방훈련과 교육을 실시했을 때에는 그 실시 결과를 소방훈련・교육 실시 결과 기록부에 기록하고, 이를 소방훈련 및 교육을 실시한 날부터 2년간 보관해야 한다. O/X

048. 소방안전관리대상물 중 소방안전관리업무의 전담이 필요한 대통령령으로 정하는 소방안전관리대상물(특급 또는 1급 소방안전관리대상물)의 관계인은 소방훈련 및 교육을 한 날부터 30일 이내에 소방훈련 및 교육 결과를 소방본부장 또는 소방서장에게 제출하여야 한다. O/X

049. 소방청장은 특정소방대상물의 관계인이 실시하는 소방훈련을 지도・감독할 수 있다. O/X

050. 불시 소방훈련・교육의 대상으로는 의료시설, 교육연구시설, 노유자 시설 및 그 밖에 화재 발생 시 불특정 다수의 인명피해가 예상되어 소방본부장 또는 소방서장이 소방훈련・교육이 필요하다고 인정하는 특정소방대상물이다. O/X

051. 소방본부장 또는 소방서장은 불시 소방훈련과 교육을 실시하려는 경우에는 소방안전관리대상물의 관계인에게 불시 소방훈련・교육 실시 7일 전까지 불시 소방훈련・교육 계획서를 통지해야 한다. O/X

052. 화재예방법 제38조제1항에 따른 소방안전교육의 교육대상자는 소화기 또는 비상경보설비가 설치된 공장・창고 등의 특정소방대상물 등에 해당하는 특정소방대상물의 관계인으로서 관할 소방서장이 소방안전교육이 필요하다고 인정하는 사람으로 한다. O/X

053. 소방본부장 또는 소방서장은 소방안전교육을 실시하려는 경우에는 교육일 10일 전까지 특정소방대상물 관계인 소방안전교육 계획서를 작성하여 통보해야 한다. O/X

정답 ◦ 42.O 43.X 44.O 45.X 46.O 47.O 48.O 49.X 50.O 51.X 52.O 53.O

소방시설법 및 화재예방법

CHAPTER 11. 특별관리시설물의 소방안전관리

001. 소방청장, 소방본부장 또는 소방서장은 화재 등 재난이 발생할 경우 사회·경제적으로 피해가 큰 소방안전 특별관리시설에 대하여 소방안전 특별관리를 하여야 한다. O/X

002. 「공항시설법」 제2조제7호의 공항시설, 「철도산업발전기본법」 제3조제2호의 철도시설, 「도시철도법」 제2조제3호의 도시철도시설, 「항만법」 제2조제5호의 항만시설 및 「산업기술단지 지원에 관한 특례법」 제2조제1호의 산업기술단지는 소방안전 특별관리시설물이다. O/X

003. 소방청장은 「문화재보호법」 제2조제3항의 지정문화재인 시설(시설이 아닌 지정문화재를 보호하거나 소장하고 있는 시설을 제외)과 「초고층 및 지하연계 복합건축물 재난관리에 관한 특별법」 제2조제1호·제2호의 초고층 건축물 및 지하연계 복합건축물에 대하여 소방안전 특별관리를 하여야 한다. O/X

004. 영화상영관 중 수용인원 500명 이상인 영화상영관, 전력용 및 통신용 지하구, 석유비축시설, 천연가스 인수기지 및 공급망 및 점포가 500개 이상인 전통시장은 소방안전 특별관리시설물이다. O/X

005. 「전기사업법」 제2조제4호에 따른 발전사업자가 가동 중인 발전소, 「물류시설의 개발 및 운영에 관한 법률」 제2조제5호의2에 따른 물류창고로서 연면적 10만제곱미터 이상인 것, 「도시가스사업법」 제2조제5호에 따른 가스공급시설은 모두 대통령령으로 정하는 소방안전 특별관리시설물이다. O/X

006. 소방청장은 특별관리를 체계적이고 효율적으로 하기 위하여 시·도지사와 협의하여 소방안전 특별관리기본계획을 화재의 예방 및 안전관리 기본계획에 포함하여 수립 및 시행하여야 한다. O/X

007. 소방청장은 소방안전 특별관리기본계획을 5년마다 수립하여 시·도에 통보해야 한다. O/X

008. 특별관리기본계획에는 화재예방을 위한 중기·장기 안전관리정책, 화재예방을 위한 교육·홍보 및 점검·진단 및 시·도에서 화재 등의 안전관리를 위하여 필요한 사항이 포함되어야 한다. O/X

009. 특별관리 기본계획에는 화재예방을 위한 중기·장기 안전관리정책, 화재대응과 사후 조치에 관한 역할 및 공조체계 및 화재대응을 위한 훈련이 포함되어야 한다. O/X

010. 시·도지사는 소방안전 특별관리기본계획에 저촉되지 아니하는 범위에서 관할 구역에 있는 소방안전 특별관리시설물의 안전관리에 적합한 소방안전 특별관리시행계획을 화재의 예방 및 안전관리 세부시행계획에 포함하여 수립 및 시행하여야 한다. O/X

011. 소방청장 및 시·도지사는 소방안전 특별관리기본계획 또는 특별관리시행계획을 수립하는 경우 성별, 연령별, 화재안전취약자별 화재 피해현황 및 실태 등을 고려해야 한다. O/X

012. 소방안전 특별관리기본계획 및 소방안전 특별관리시행계획의 수립·시행에 필요한 사항은 행정안전부령으로 정한다. O/X

013. 시·도지사는 특별관리기본계획을 시행하기 위하여 매년 소방안전 특별관리시행계획을 수립·시행하고, 그 결과를 다음 연도 1월 31일까지 소방청장에게 통보해야 한다. O/X

정답 01. X 02. O 03. X 04. X 05. O 06. O 07. O 08. X 09. O 10. O 11. O 12. X 13. O

014. 대통령령으로 정하는 소방안전 특별관리시설물의 관계인은 화재의 예방 및 안전관리를 체계적·효율적으로 수행하기 위하여 대통령령으로 정하는 바에 따라 한국소방안전원 또는 소방청장이 지정하는 화재예방안전진단기관으로부터 정기적으로 화재예방안전진단을 받아야 한다. O/X

015. 공항시설 중 여객터미널의 연면적이 1천제곱미터 이상인 공항시설과 철도시설 중 역 시설의 연면적이 3천제곱미터 이상인 철도시설은 화재예방안전진단의 대상이다. O/X

016. 도시철도시설 중 역사 및 역 시설의 연면적이 5천제곱미터 이상인 도시철도시설과 항만시설 중 여객이용시설 및 지원시설의 연면적이 5천제곱미터 이상인 항만시설은 화재예방안전진단의 대상이다. O/X

017. 가스공급시설 중 가연성 가스 탱크의 저장용량의 합계가 100톤 이상이거나 저장용량이 20톤 이상인 가연성 가스 탱크가 있는 가스공급시설은 화재예방안전진단의 대상이다. O/X

018. 안전원 또는 진단기관의 화재예방안전진단을 받은 연도에는 제37조에 따른 소방훈련과 교육 및 「소방시설법」 제22조에 따른 자체점검을 받은 것으로 본다. O/X

019. 화재예방안전진단의 범위는 화재위험요인의 조사에 관한 사항, 소방계획 및 피난계획 수립에 관한 사항 및 소방시설등의 유지·관리에 관한 사항 및 비상대응조직 및 교육훈련에 관한 사항 등이다. O/X

020. 화재 등의 재난 발생 후 재발방지 대책의 수립 및 그 이행에 관한 사항과 지진 등 외부 환경 위험요인 등에 대한 예방·대비·대응은 화재예방진단을 위하여 대통령령으로 정하는 사항이다. O/X

021. 소방안전관리대상물이 건축되어 화재예방안전진단의 대상에 해당하게 된 경우 해당 소방안전 특별관리시설물의 관계인은 「건축법」에 따른 사용승인 또는 「소방시설공사업법」에 따른 완공검사를 받은 날부터 3년이 경과한 날이 속하는 해에 최초의 화재예방안전진단을 받아야 한다. O/X

022. 안전등급이 우수인 경우 안전등급을 통보받은 날부터 5년이 경과한 날이 속하는 해에 정기적으로 화재예방안전진단을 받아야 한다. O/X

023. 화재예방안전진단을 받아야 하는 소방안전 특별관리시설물의 관계인은 안전원 또는 소방청장이 지정하는 화재예방안전진단기관에 신청해야 한다. O/X

024. 화재예방안전진단 신청을 받은 안전원 또는 진단기관은 위험요인 조사, 위험성 평가, 위험성 감소대책의 수립의 절차에 따라 화재예방안전진단을 실시한다. O/X

025. 화재예방안전진단은 준공도면, 시설 현황, 소방계획서 등 자료수집 및 분석, 정성적·정량적 방법을 통한 화재위험성 평가, 불시·각본 훈련에 의한 비상대응훈련 평가 등의 방법으로 실시한다. O/X

026. 화재예방안전진단을 신청한 소방안전 특별관리시설물의 관계인은 화재예방안전진단에 필요한 자료의 열람 및 화재예방안전진단에 적극 협조해야 한다. O/X

027. 화재예방안전진단을 실시한 안전원 또는 진단기관은 화재예방안전진단이 완료된 날부터 30일 이내에 소방본부장 또는 소방서장, 관계인에게 화재예방안전진단 결과 보고서에 화재예방안전진단 결과 세부 보고서와 화재예방안전진단기관 지정서를 첨부하여 제출해야 한다. O/X

정답 14.O 15.X 16.O 17.X 18.O 19.O 20.O 21.X 22.X 23.O 24.O 25.X 26.O 27.X

028. 안전진단 결과 보고서에는 해당 특별관리시설물 현황, 안전진단 실시 기관 및 참여인력·범위 및 내용, 화재위험요인의 조사·분석 및 평가 결과, 안전등급 및 위험성 감소대책이 포함되어야 한다. O/X

029. 소방본부장 또는 소방서장은 제출받은 화재예방안전진단 결과에 따라 조치가 필요하다고 인정하는 경우에는 해당 특별관리시설물의 관계인에게 보수·보강 등의 조치를 취할 것을 명할 수 있다. O/X

030. 소방청장으로부터 진단기관으로 지정을 받으려는 자는 행정안전부령으로 정하는 시설과 전문인력 등 지정기준을 갖추어 소방청장에게 지정을 신청하여야 한다. O/X

031. 진단기관의 전문인력으로는 소방기술사 1명 이상, 소방시설관리사 1명 이상, 전기안전기술사·화공안전기술사·가스기술사·위험물기능장 또는 건축사 1명 이상과 분야별 각 2명 이상 필요하다. O/X

032. 소방청장은 지정신청서를 접수한 경우에는 지정기준 등에 적합한지를 검토하여 60일 이내에 진단기관 지정 여부를 결정해야 한다. O/X

033. 소방청장은 지정서를 발급한 경우에는 그 내용을 소방청 인터넷 홈페이지에 공고해야 한다. O/X

034. 진단기관으로 지정받은 자가 거짓이나 그 밖의 부정한 방법으로 지정을 받은 경우나 업무정지기간에 화재예방안전진단 업무를 한 경우에는 그 지정을 취소하여야 한다. O/X

035. 위반행위의 횟수에 따른 행정처분 기준은 최근 1년간 같은 위반행위로 행정처분을 받은 경우에 적용한다. 이 경우 기준 적용일은 위반행위에 대한 행정처분일과 그 처분 후에 한 위반행위가 다시 적발된 날을 기준으로 한다. O/X

036. 화재예방진단기관의 지정기준에 미달하게 된 경우 행정처분의 개별기준은 1차 위반 경고(시정명령), 2차 위반 업무정지 3개월, 3차 이상 위반 업무정지 6개월이다. O/X

정답 28.O 29.O 30.X 31.X 32.O 33.O 34.O 35.X 36.X

소방시설법 및 화재예방법

CHAPTER 12. 화재예방법 보칙 및 벌칙

001. 소방관서장은 국민의 화재 예방과 안전에 관한 의식을 높이고 화재의 예방과 안전문화를 진흥시키기 위한 화재의 예방 및 안전관리에 관한 의식을 높이기 위한 활동 및 홍보, 화재의 예방과 안전문화 우수사례의 발굴 및 확산 등의 활동을 적극 추진하여야 한다. O/X

002. 소방관서장은 화재의 예방과 안전문화 활동에 국민이 참여할 수 있는 제도를 마련하여 시행할 수 있으며, 국민이 화재예방과 안전문화를 실천하고 체험할 수 있는 체험시설을 설치·운영할 수 있다. O/X

003. 국가와 지방자치단체는 지방자치단체 또는 그 밖의 기관·단체에서 추진하는 화재의 예방과 안전문화활동을 위하여 필요한 예산을 지원할 수 있다. O/X

004. 소방청장은 소방대상물의 자율적인 안전관리를 유도하기 위하여 안전관리 상태가 우수한 소방대상물을 선정하여 우수 소방대상물 표지를 발급하고, 소방대상물의 관계인을 포상할 수 있다. O/X

005. 우수 소방대상물의 선정 방법, 평가 대상물의 범위 및 평가 절차 등에 필요한 사항은 소방청장이 정한다. O/X

006. 소방청장은 우수 소방대상물의 선정 및 관계인에 대한 포상을 위하여 우수 소방대상물의 선정방법, 평가 대상물의 범위 및 평가 절차 등에 관한 내용이 포함된 시행계획을 매년 수립·시행해야 한다. O/X

007. 소방청장은 우수 소방대상물 선정 등 업무의 객관성 및 전문성을 확보하기 위하여 필요한 경우에는 소방기술사, 소방시설관리사, 소방 관련 석사 학위 이상을 취득한 사람, 소방 관련 법인 또는 단체에서 소방 관련 업무에 5년 이상 종사한 사람 등이 3명 이상 포함된 평가위원회를 구성하여 운영할 수 있다. O/X

008. 조치명령을 받은 관계인 등은 천재지변이나 대통령령으로 정하는 사유로 조치명령등을 그 기간 내에 이행할 수 없는 경우에는 소방관서장에게 조치명령의 이행시기를 연장하여 줄 것을 신청할 수 있다. O/X

009. 대통령령으로 정하는 조치명령 연기 사유는 재난이 발생한 경우, 경매 등의 사유로 소유권이 변동 중이거나 변동된 경우, 관계인의 질병, 사고, 장기출장의 경우, 소방대상물의 관계인이 여러 명으로 구성되어 조치명령등의 이행에 대한 의견을 조정하기 어려운 경우 등이 있다. O/X

010. 조치명령등의 이행시기 연장을 신청하려는 관계인 등은 연장신청서를 소방관서장에게 제출해야 하며, 조치명령등의 기간연장 신청서를 제출받은 소방관서장은 신청받은 날부터 5일 이내에 조치명령등의 기간연장 여부를 결정하여 조치명령등의 기간연장 신청 결과 통지서를 관계인 등에게 통지해야 한다. O/X

011. 소방청장은 소방안전관리자의 자격 취소의 처분이나 화재예방진단기관의 지정 취소의 처분을 하려면 청문을 하여야 한다. O/X

012. 소방안전관리자 자격시험에 응시하려는 사람이나 소방안전관리자 자격증을 발급 받으려는 사람은 행정안전부령으로 정하는 수수료 또는 교육비를 내야 한다. O/X

013. 수수료 및 교육비는 계좌입금 또는 현금 납부나 신용카드로 결제해야 한다. 시험시행일 또는 교육실시일 10일 전까지 접수를 취소한 경우 납입한 수수료 또는 교육비의 전부를 반환하여야 한다. O/X

정답 ● 01.O 02.X 03.O 04.O 05.X 06.O 07.X 08.O 09.O 10.X 11.O 12.O 13.X

014. 화재예방법에 따른 소방청장 또는 시·도지사의 권한은 그 일부를 대통령령으로 정하는 바에 따라 시·도지사, 소방본부장 또는 소방서장에게 위임할 수 있다. O/X

015. 소방청장은 법 제48조제1항에 따라 법 제31조에 따른 소방안전관리자 자격의 정지 및 취소에 관한 업무를 소방본부장 또는 소방서장에게 위임한다. O/X

016. 소방관서장은 소방안전관리자 또는 소방안전관리보조자 선임신고의 접수와 해임 사실의 확인, 소방안전관리자 자격시험, 강습교육 및 실무교육 업무를 안전원에 위탁할 수 있다. O/X

017. 소방관서장은 소방안전관리에 관한 종합정보망의 구축·운영업무를 기술원에 위탁할 수 있다. O/X

018. 화재안전조사단의 구성원이나 위탁받은 업무를 수행하는 안전원의 담당 임직원에 대해서는 「형법」제129조부터 제132조(수뢰 관련, 제3자 뇌물제공)까지의 규정을 적용할 때에는 공무원으로 본다. O/X

019. 안전원이 갖추어야 하는 시설기준에서 사무실은 바닥면적 100제곱미터 이상, 강의실은 바닥면적 100제곱미터 이상이고 책상·의자, 음향시설, 컴퓨터 등 교육에 필요한 비품을 갖추어야 한다. O/X

020. 소방관서장 또는 시·도지사는 사무를 수행하기 위하여 불가피한 경우 주민등록번호 또는 외국인등록번호가 포함된 자료를 처리할 수 있다. O/X

021. 화재안전조사 결과에 따른 조치명령을 정당한 사유 없이 위반한 자나 거짓이나 그 밖의 부정한 방법으로 안전진단기관으로 지정을 받은 자는 5년 이하의 징역 또는 5천만원 이하의 벌금에 처한다. O/X

022. 관계인의 정당한 업무를 방해하거나, 조사업무를 수행하면서 취득한 자료나 알게 된 비밀을 다른 사람 또는 기관에게 제공 또는 누설한 자 또는 소방안전관리자 자격증을 다른 사람에게 빌려 주거나 빌리거나 이를 알선한 자는 1년 이하의 징역 또는 1천만원 이하의 벌금에 처한다. O/X

023. 화재예방진단기관으로부터 화재예방안전진단을 받지 아니한 자, 화재안전조사를 정당한 사유 없이 거부·방해 또는 기피한 자및 화재예방 조치명령을 정당한 사유 없이 따르지 아니하거나 방해한 자는 모두 300만원 이하의 벌금에 처한다. O/X

024. 법인의 대표자나 법인 또는 개인의 대리인, 사용인, 그 밖의 종업원이 그 법인 또는 개인의 업무에 관하여 제50조(행정형벌)에 해당하는 위반행위를 하면 그 행위자를 벌하는 외에 그 법인 또는 개인에게도 해당 조문의 벌금형을 과(科)한다. O/X

025. 정당한 사유 없이 화재예방강화지구 등에서 금지행위에 해당하는 행위를 한 자나 제24조제2항을 위반하여 전담 대상물의 소방안전관리자를 겸한 자는 300만원 이하의 과태료를 부과한다. O/X

026. 피난유도 안내정보를 제공하지 아니한 자나 소방설비등의 설치 명령을 정당한 사유 없이 따르지 아니한 자는 200만원 이하의 과태료를 부과한다. O/X

027. 실무교육을 받지 아니한 소방안전관리자 및 보조자에게는 100만원 이하의 과태료를 부과한다. O/X

028. 기간 내에 소방안전관리자 선임신고에서 지연신고기간이 1개월 이상 3개월 미만인 경우의 과태료 부과의 개별 기준은 200만원이다. O/X

정답 ○ 14.○ 15.X 16.○ 17.X 18.○ 19.X 20.○ 21.X 22.○ 23.X 24.○ 25.○ 26.X 27.○ 28.X

029. 화재예방법령에 따른 위반행위의 횟수에 따른 과태료의 가중된 부과기준은 최근 1년간 같은 위반행위로 과태료 부과처분을 받은 경우에 적용한다. 이 경우 기간의 계산은 위반행위에 대하여 과태료 부과처분을 받은 날과 그 처분 후 다시 같은 위반행위를 하여 적발된 날을 기준으로 한다. O/X

030. 「화재예방 및 안전관리에 관한 법률」에 따른 과태료는 대통령령으로 정하는 바에 따라 소방청장, 시·도지사, 소방본부장 또는 소방서장이 부과·징수한다. O/X

정답: 29. O 30. O

MEMO

MEMO